「非常識に儲ける人々」
が実践する

[図解]成功ノート

この本は
単なる能書きではない!

非常識に儲けている人々のノートは…

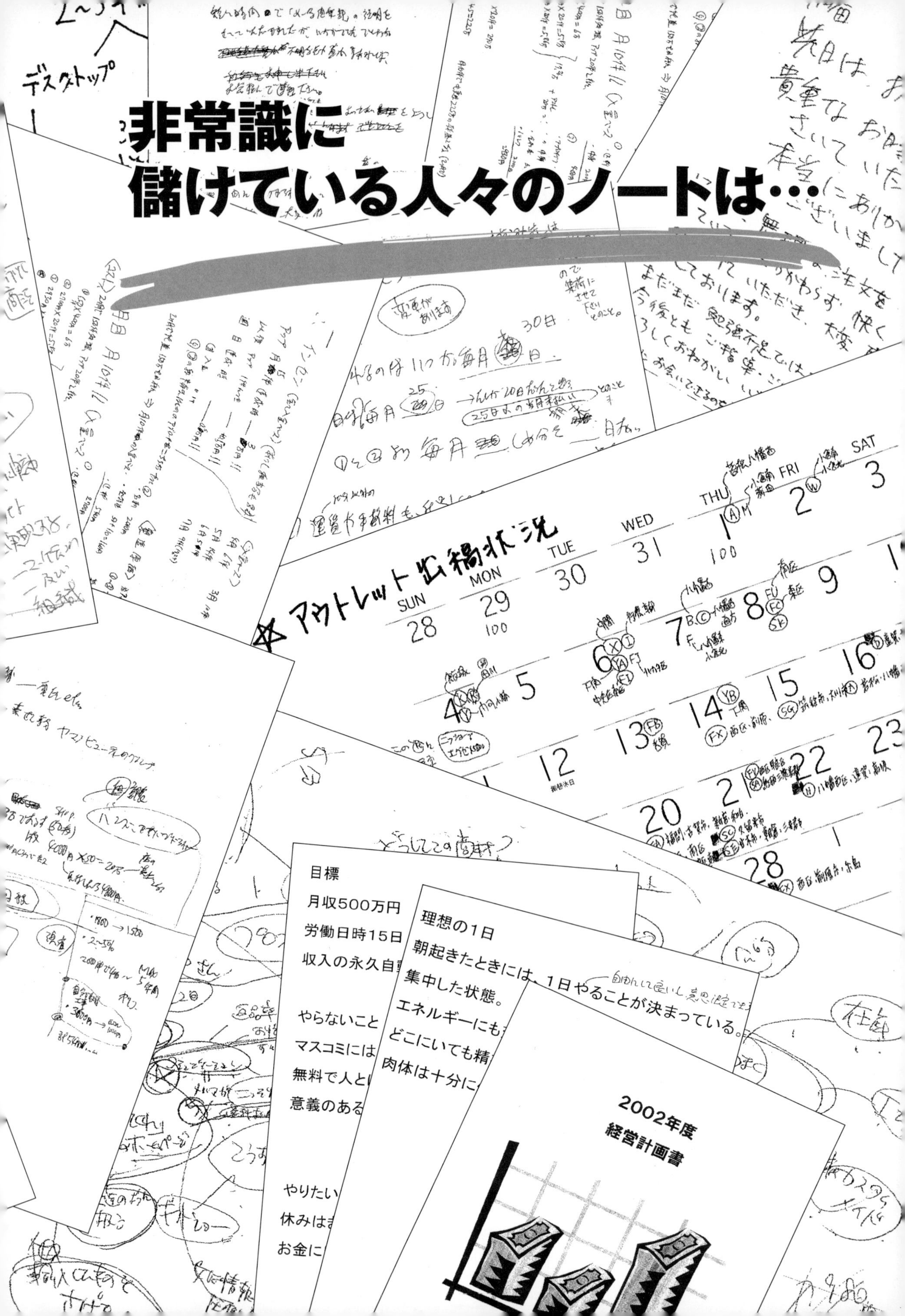

ここから この本が生まれた!

この本には、大きな欠点がある。しかし……、

この本を手にとった、あなたの前には、すでに数億円の現金が積まれている。

しかし、本書の欠点のために、その現金を手にできる人と、できない人がいる。

その欠点とは、何だろうか?

分かりやすいことである。

分かりやすいために、一回読んだだけで、分かったつもりになってしまう。

そう勘違いされることが、この本の最大の欠点だ。

パラパラめくるだけで、成功法則が頭に入ってしまう。

この本は、それだけ分かりやすくつくられている。


あまりにも分かりやすいために、雑誌記事のように消費されてしまう。

でも、それほど、もったいないことはない。


実は、**多くの成功者は、この本に書かれている数十分の一の情報を、数百万円を支払って学んでいる。**

数百万円で収まるならば、まだいい。

正直なところ、著者4人が、これから公開する情報を学ぶために投資した金額を合計すれば、軽く三千万円は超える。

だから、この本を執筆する上で、一番、議論になったこと。

それは、「この貴重な情報を1000円で販売してもいいものなのだろうか?」ということである。


長時間の議論の末、彼らは決定した。

一切、隠さない。

出し惜しみはしない。

大バーゲン。究極の大出血サービスである。

なぜ、あなたに1000円で、これだけの情報を提供するのか?


その理由は、この秘密を公開したところで、彼らはその先をいけるという自信があるからである。さらに正直に告白すると、成功したことをより多くの人と共有していけば、自分はもっと精神的にも、金銭的にも豊かになることを知っているからである。


これだけ著者陣が思い切って、価値千金の情報を公開していても、可哀想なことに、これを感じられない人がいる。まさに猫に小判だ。

そんな人は、あなたのまわりにも、必ずひとりはいる。

「おれは起業するぞ」といっていながら、いつまでたっても起業できないドリーマー。

したり顔で成功者を批判し、引きずりおろそうとするハイエナ連中である。


要するに、成功者ではなく、成功評論家である。


私は自信をもっていうことができるが、本当に成功するやつは、評論家になって批評するヒマがない。

他人が批評をしている間に、成功者はどんどん背筋がぞくぞくするアイディアを見出し、実践する。

繰り返し転び、必死で起き上がる。

時には喧嘩し、時には戻ってこないと分かりつつ大金を貸してやる。

死んだ時には、お互いの葬式に行き、涙を流す。

要するに、**ゾンビではない。真剣に生きている**のである。


このように自分の力で、大成功している男4人が、この本の執筆陣である。この4人のプロフィールを見れば、この本がいかに類書と異なるかが分かってもらえよう。

・ひとりは、大学中退して起業し、3年間で、年商100億円の会社を立ち上げた。
・ひとりは、学生時代にも起業経験を持ち、社会人になってからも2度目、3度目の起業を次々と高収益ビジネスにした。
・ひとりは、インターネットで儲けるビジネスモデル構築では圧倒的な実績。ロバートアレンをはじめとしたアメリカの百億万長者と親交を持ち、世界をまたにかけて活躍。
・ひとりは、社員2人でNTTの代理店トップになり、弱冠34歳で会長職。いまやほとんど会社にはいかないセミリタイア状態。

まぁ、三笠書房は、よくこの非常識な4人に、執筆を承諾させたものだと、私は感心する。

執筆陣は、それぞれが個性的で、考えも異なる。
しかし彼らに共通するのは、あれだけ金を稼ぎながら、金にはまったく執着がないことである。
いっておくが**成功することは、バラ色の生活ばかりではない。**
成功には、光と闇がある。光が当たれば当たるほど、同時に、闇は濃くなる。

ニセモノの成功者は、闇を知らないから、成功することの幻想を煽り立てる。
なぜ、そんなことができるかといえば、成功することの痛みを知らないからである。
この本がまったく違うのは、成功することの痛みを知った上で、これら4人の成功者が、あなたを、金銭的にも精神的にも豊かになるよう、導いてくれるからである。

その意味でこの成功ノートは、世界一分かりやすい、世界一お得な、しかも**世界一良心的な本**といってもいいだろう。

監修者 **神田　昌典**

※まず聞こう。あなたはこの本を活用して、単なる金の亡者でなく真の億万長者になろうと決心したか？　自分が金の心配から完全に解放され、豊かな富を手に入れ人生を心から楽しむだけでなく、その富を誰かと分かちあっていく決心をしたか？

――――ならばここに力強く署名をどうぞ。

年　　月　　日

署名欄

＿＿＿＿＿＿＿＿＿＿＿＿＿＿＿＿

［図解］成功ノート✻目次

PART 1

この「動機づけ」のない人に成功の女神は微笑まない！

本当に成功できるのか？　本当は何をすればいいのか？　そんな迷いをまずは吹っ切ることから始めよう。この章で自分を検証すれば、かなり具体的に「成功する自分」が見えるはずだ。「儲ける」ために一番大事な、だけど皆が間違っていることを、明確にしよう！

“成功する人”は、コインの裏側を見ている！

——金儲けの上手い人のモノの見方・考え方

「普通の人」から「成功する人」へ

どうすれば成功できるのか、ビジネスで儲けるにはどうすればいいのか——普通の人はここでいろいろと試行錯誤をする。大金を支払ってセミナーを受けたり、山のように書籍を買って勉強をする。成功するためのノウハウを求めて、右往左往するわけだ。

しかし、成功する人と成功しない人との差は実は一つしかない。その人間が真実を“見るか”どうかだけである。我々はこれを「気づき」と呼んでいる。

気づきは、ある種の「自己承認」でもある。「自分の方法で良いんだ」「自分は受け入れられる」と確信が持てる。そこまで到達すれば、成功は目の前にある。

本来、気づけば上に行ける人はいっぱいいる。それなのに自分のすごさに気がついていない人が多いということだ。その気づきの瞬間、発見の瞬間を探すのが本書の目的であるということをまず確認したい。

たとえば「メン・イン・ブラック2」という映画をご存じだろうか。ロッカーの中で暮らし、そこしか知らない人に対して、主人公が最後にロッカーを開けて、外の世界の存在を知らせようとする。でも、結局は自分たちが暮らしているのもロッカーの中の世界だったという映画だ。このくらい私たちは、現在自分たちがおかれている状況がすべてだと思ってしまうものだ。

大切なのは本来見えなかったものが見えるようになること。ロッカーの外の世界にどう気づくかが大切なのだ。

コインの裏側にいったい何がある？

では、どうすれば気づくことができるのか。見えないものを見るということは、比較できる対象を持つことを意味する。比較する対象を持たないと絶対に見えない。

もっと簡単に説明しよう。いわば「コインの裏表」と考えればいい。コインには絶対に裏と表がある。たとえば、コインの表＝表面的なものだけを見て「うっとうしい」とか「センスがない」と思って、ポイッと捨ててしまう人がいる。ところが、その裏側をひっくり返す人もいる。コインには裏もあるとのぞいて見たとき、そこから新しい「気づき」が始まるわけだ。

上司に怒られて「絶対、辞めてやる」と、怒っている状態はコインの表が見えている状態。でも、「管理職向けに『部下のやる気をなくす言葉、やる気を出す言葉』という覆面座談録をつくれば売れるかも…」と考え始めれば、コインの裏側に気づいたことになる。

社長の悪口を言いながら飲み屋でくだを巻いているのはコインの表側。でも、社長になる方法を考え始めたとたんに、コインの裏に気づく。後はその現実を「焦点化」すればいい。フォーカスすることで真実がより見えてくる。ただ、裏があると気づいても、それに踏み込まなければ意味はない。おそらくこの本を読んだとしても、実際に実行する人間はマキシム5%。ここを覚えていてほしい。

成功する人は力持ちである必要はない。コインを裏返して、そこで見えたものを実行すれば良いだけのこと。さて、あなたもコインを裏返してみませんか、一緒に。

【成功のヒントは“裏側”に――コイン表裏の法則TM】

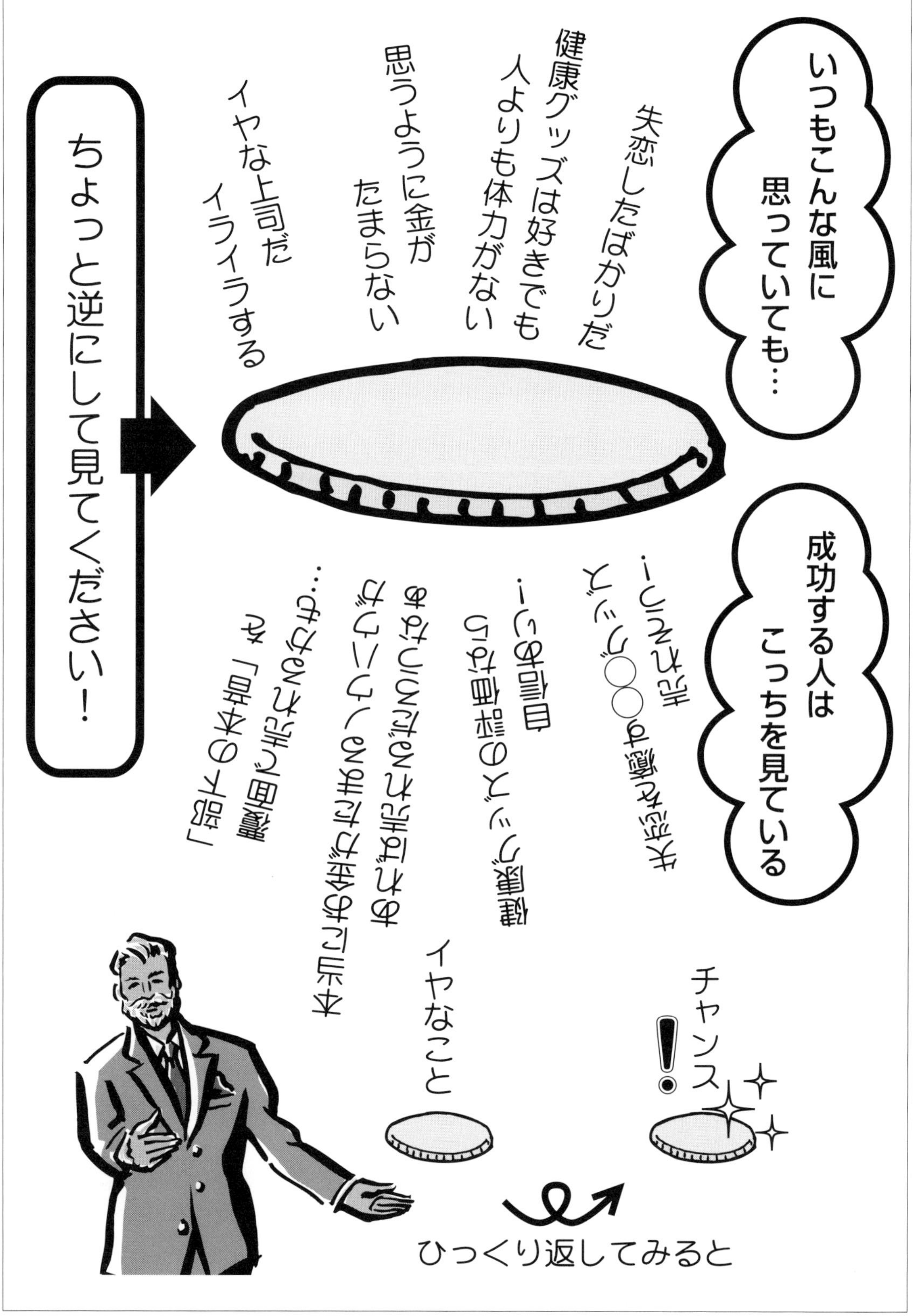
いつもこんな風に思っていても…
失恋したばかりだ
健康グッズは好きでも人よりも体力がない
思うように金がたまらない
イヤな上司だイライラする
ちょっと逆にして見てください！
成功する人はこっちを見ている
失恋を癒す◯◯グッズ売れそう！
健康グッズの評価なら自信あり！
本当にお金がたまるノウハウがあれば売れるだろうなぁ
「部下の本音」を覆面で売れるかも…
イヤなこと
チャンス！
ひっくり返してみると

「今のまま」でも収入をもっと増やせる！

——"気づかず"に、変わろうとするから失敗する

■一番大切で具体的なノウハウとは？

どうやって成功するか、金を儲けるか。それをこれから一緒に探っていくわけだが、一つ非常に大事な点を、まず押さえてほしい。

それは「変わろうとしないこと」である。そうではなくて「気づくこと」が重要なのだという話をこれからしよう。もちろん「変わってはいけない」というつもりはない。ただ少しでもラクに確実な成功をつかみたい人に、大切なノウハウがこれだ。

一つ実例をあげて説明しよう。ある一級建築士がいた。彼は本業の他にももっと金の儲かることがしたい。それでいろいろ考えると、自分にはちょっと土地がある。そして両親がビニールハウスを持っている。コンピュータの知識もある。ここで彼は「無農薬野菜の通販」をしてはどうかという案を出してきた。

しかし、これは「変わって失敗する」典型である。彼は農業の知識がない。いきなり未知の世界で成功を収めるのは非常に難しい。たしかに今の自分、今の仕事、今のお金に満足できないでいるのだから「新しいことを始めなくては」と考えてしまうのもしかたがない。しかし成功する人というのは「自分を変えなくてはいけない」とあせったりしない。

■スキルを生かしてラクラク成功

では、どうするか。簡単に言えば「やり方を変える」のである。自分は変わらなくていい。今の自分のままで成功できるのだと知る。自分が今まで培ったスキルを、違うやり方で生かしてやる。

先の例で言えば、一級建築士の彼が成功するのにいい道は、たとえば都市計画などで土地の買収計画に遭い困っている人や、欠陥マンションを買いたくないと考えている人に対するアドバイザー業などをやるのも正解の一つ。建物や土地に関する知識は、それまでの仕事を通してかなり身についている。それを生かす方が、知識のない新しい分野に飛び込むより、はるかに効率的で勝算も高い。しかも需要のありどころもつかめる。実際に彼はこれで成功し、大きな富を得ることができた。

こんな例はたくさんある。アメリカの主婦が自分が子育てに悩んで、誰よりも多くの子育て本を読み、セミナーにもたくさん行った。その結果、有名な子育てコンサルタントとなり、世界レベルで活躍している。あるいは、着物の帯がどうしても結べず、最初は自分用に、簡単に装着できる帯をつくって成功した女性。この人は雑誌にコラムを書くまでになった。

どちらも自分自身の深い欲求に正直にいただけだが、普通の人とちょっと違うのは**「私がこんなに欲しかったんだから、きっと商売になる」**と考えたことだ。

「なーんだ、そんなこと？」と思う？　実は成功する人と凡人の差は、ここに「気づく」ことだと言い切ってもいいくらいだ。**普通の人が見えないものを見る。気づく。これができればもう、80％成功し**たと言ってもいいだろう。

では、見えないものを見るためにどうするか。自分に対して左の表にあるような質問をしてみよう。気づかずにいたあなたの大きな可能性が見えてくるはずだ。

【何をすればいい？
――売れるノウハウを見つける４つの質問法TM】

以下を自分に質問してみると…（ノートに書き出せ！）

●最近、身近な人から相談をうけて喜ばれたことがあったっけ？

●たとえば誰？その人の名前は？

●何を教えてあげたら喜ばれたんだっけ？

●10人からお金をもらってもいけそうか（テストする）？

自分が役立つ（お金になる）道が自然と見えてくる！

【あなたはどこでどんな役に立つのか！】

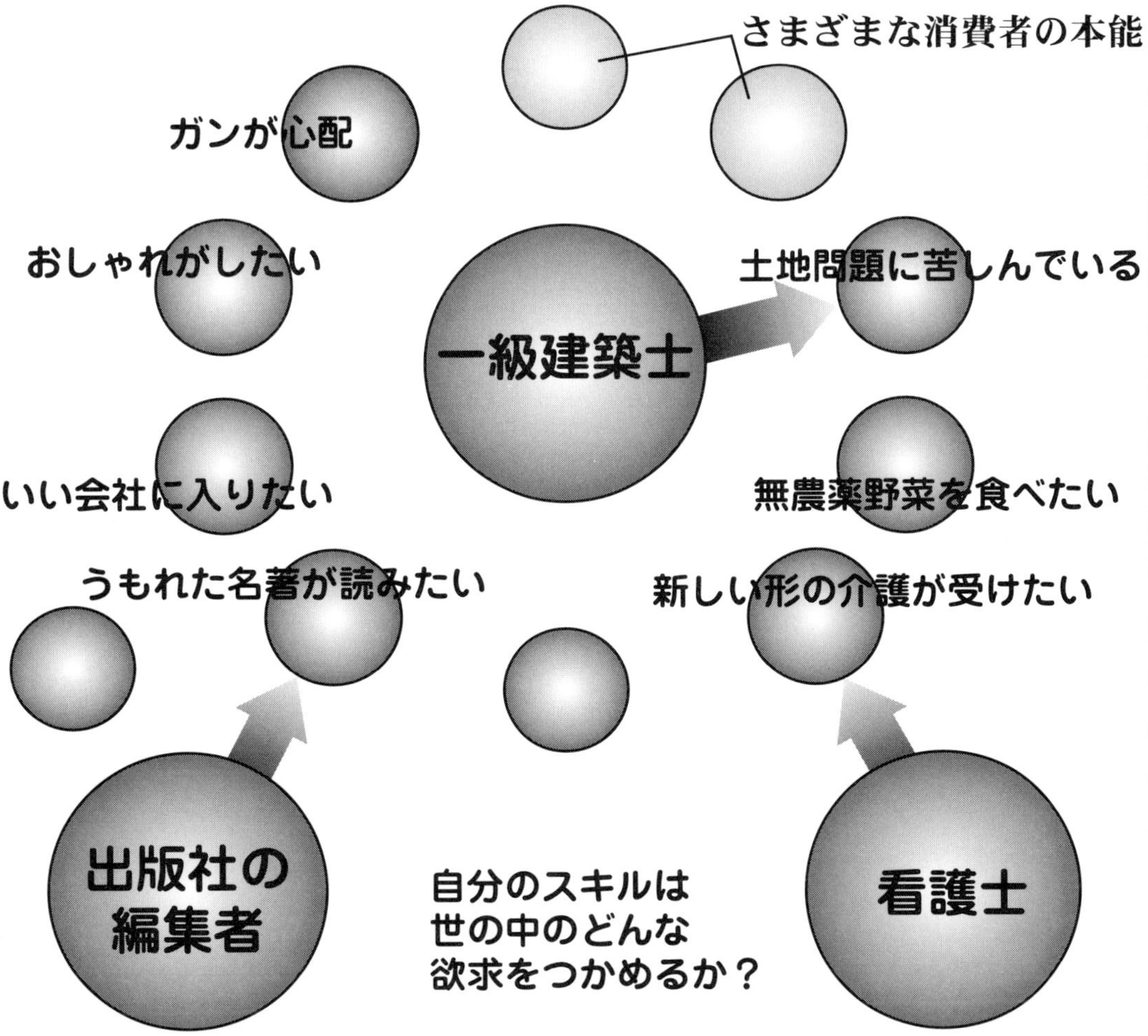
さまざまな消費者の本能
ガンが心配
おしゃれがしたい
土地問題に苦しんでいる
一級建築士
いい会社に入りたい
無農薬野菜を食べたい
うもれた名著が読みたい
新しい形の介護が受けたい
出版社の編集者
自分のスキルは
世の中のどんな
欲求をつかめるか？
看護士

宣伝にのせられる人、のせる人

――いつまで“砂時計”の中にいるつもりなの？

初日で100万枚売れるCDから何を見る？

世の中には、不条理と呼ばれるものがたくさんある。不条理という言葉がピンと来なければ、パラレルワールドでもいい。

たとえば、超人気アイドルのCDが発売当日に１００万部販売といった報道がある。

ここで「嘘だ！」と思うだけなら、普通の人間の発想だ。どう考えても不自然。しかし大切なことは、もう一歩踏み込んでこの“不条理”に気がつくかどうかだ。

「発売当日１００万部か、そんなに売れているなら買ってみよう」と買ってしまう人がいる。

しかし、その裏側（最初に指摘したコインの裏側だ）には「１００万部売れた」という仕掛けをして「すごーい！」と思わせながらCDを買わせてしまう人間がいることを忘れないこと。

不条理に気がつかないと「砂時計」を上下するだけ

不条理という言葉が分かりづらいとすれば「砂時計」をたとえにすれば分かりやすい。砂時計というのは砂が落ち切ったらリセットされる。ひっくり返されて、同じことが繰り返される。この繰り返しのパラレルワールドにはまってしまう人間が実はほとんど。はまったまま、砂時計から抜け出せなくなってしまうわけだ。

たとえば、ある作家、仮にA氏としておこう。彼は自己啓発プログラムなど、様々な形で顧客をたくさん抱えている。読者の中から彼のノウハウ、サービスに感銘する人たちがいるとしよう。

A氏のファンになった人たちは、A氏の「これがいいよ」「あっちへゆくと楽しいよ」という指示で動いていく。また、動いていくことが楽しくなっていく、という場合がある。つまり、「A氏の世界」＝「A氏の砂時計」の中に入り込んでしまいその中で心地よく過ごすようになる。すると、とても気持ちがいいのだ。

ある日、A氏はいつものように、「実はこれがいいよ、とお話ししたのだけど、これはB氏から教わったことなんだ。B氏というのは本当にすごいよ」と自分の砂時計の中の人々にメールやDMで「B氏」を紹介する。

砂時計はここでひっくり返されたわけだ。砂時計の中の人々は、今度はB氏のところへいき、A氏が言っていたB氏というのはすばらしい！　とB氏にも夢中になってしまう。B氏の著書や商品・サービスを買っては読み、その考え方を懸命に吸収しようとする。で、ある程度「ＯＫ」となったところで、今度はB氏から「Cさんというすばらしい方がおられる。彼は私とA氏との共通の先生でもあるんだ。ぜひあなたもCさんからアドバイスを受けたほうがいいよ」と紹介される。

こういう状態が繰り返されていくのが「砂時計から出られなくなった状態」だ。しかも、砂時計の中に入ったままというのは、とても気持ちのいい世界らしい。いろいろ仕掛けがあって知識欲も満たされる。さらに、誉められたり、励まされたり、自信をつけてもらったりする。「君は良いんだよ、成功するよ」と、優しく囁きながら接してくれる。こうなると砂時計に安住して出られなくなってしまう。これが不条理の世界なのだ。

【不条理とは？——愛の砂時計ビジネスモデルTM】

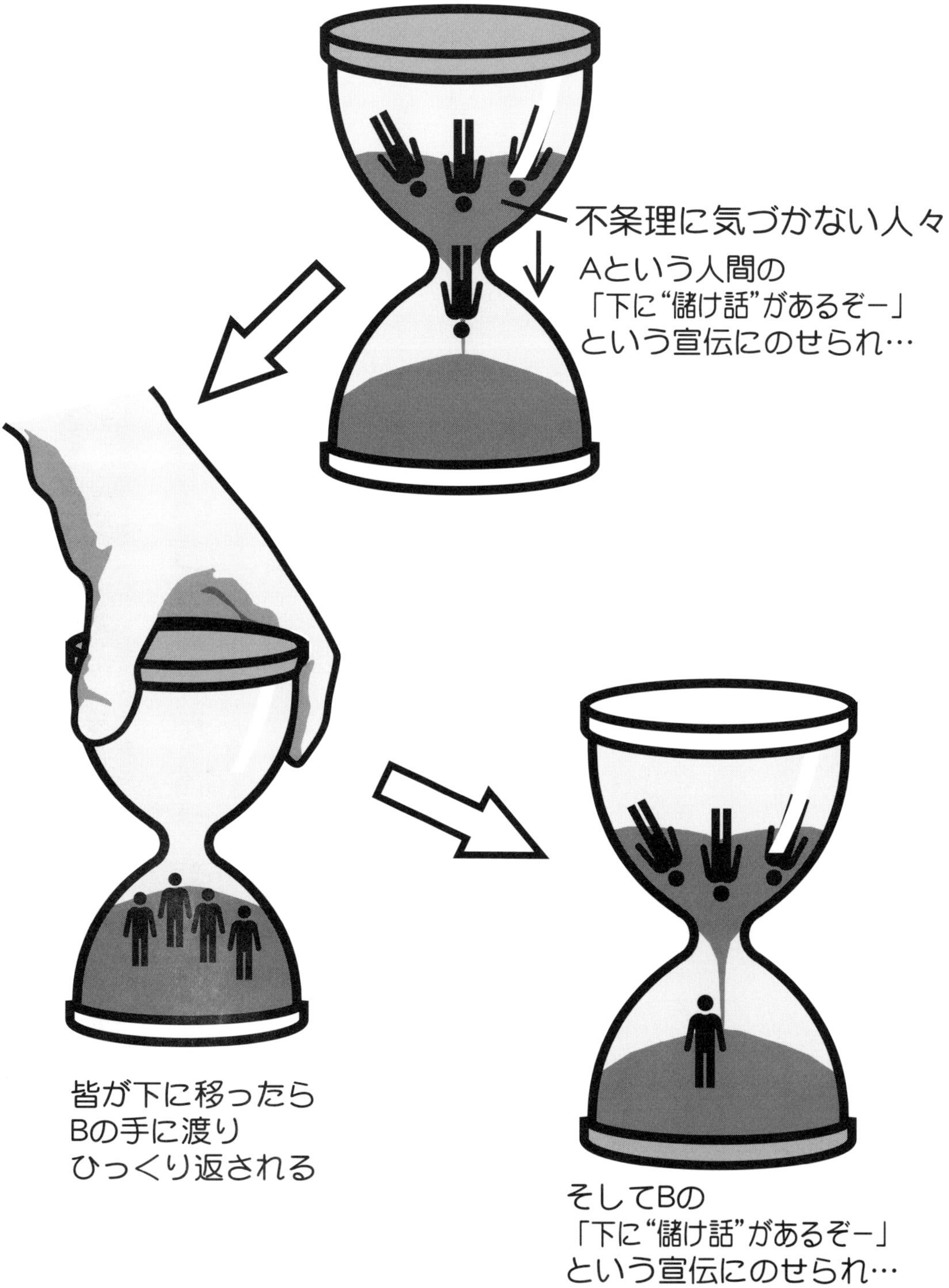
不条理に気づかない人々
Aという人間の
「下に“儲け話”があるぞー」
という宣伝にのせられ…
皆が下に移ったら
Bの手に渡り
ひっくり返される
そしてBの
「下に“儲け話”があるぞー」
という宣伝にのせられ…

いったい誰が一番儲けているのか？

——世の中は一部の人が儲かる仕組みになっている！

ビジネスのカラクリに気づく人、気づかない人

ビジネスで成功するために重要なことは、「誰が儲けているのか」を常に意識することだ。

たとえば、朝食をとろうと評判の良い喫茶店に行く。喫茶店ではただ漫然とコーヒーを飲んで、モーニングを食べて帰ってくる人がほとんどだと思う。

しかし、そこでも成功する人は「その店がなぜ儲かっているのか？」を考えている。

コーヒー1杯の原価はいくらなのか、トーストの原価は1枚いくらなのか、ゆで卵はいくらか……。仮に500円のモーニングセットの原価が150円だとすると、残りの350円はどうなっているのか。

お客が共通して注文しているメニューは何か？　なぜ注文しているのか？　メニューに工夫があるのか？　こうしたビジネスのカラクリ、すなわちコインの裏側をきちんと見ることが大切なのだ。

最近は、様々なところでいろいろな団体がプロレス興業を行っているが、いずれも満員でよくお客さんが入っている。

しかし、このプロレスもただ見に行って満足して帰ってくるだけじゃダメ。このプロレス興業で、誰が儲けているのかを考えなければいけない。最初に気がつくことは、プロレスラーは大して儲かっていないということ。本当に儲けているのは、やはり主催者だ。

大雑把な入場者数とチケット代から換算すると、1億円程度の収入になるはずだが、会場代とレスラーたちのギャラに消えてしまうはずだ。では、主催者はどうやって儲けるのかといえば、広告収入で儲けるわけだ。

こういうビジネスのカラクリを瞬時に見抜くことが重要で、サッカーを見るにしても、街をぶらぶら歩くにしても、誰が一番儲けているのかを、常に考えることが重要と言える。

実際に億万長者になれる人はほんのわずか！

この世の中は、一部の人が儲かる仕組みになっている。

たとえば「億万長者になる方法」という本を10ドル（1200円）で出版したとしよう。それが100万部の大ベストセラーになったとしよう。10％の印税で1億2000万円が著者に入ってくることになる。

言うまでもないことだが、その本を読んだ人が全員億万長者になれるわけではない。実際にその本を読んで億万長者になれる人は、ほんの一部の人間だ。残りの大半は著者を儲けさせるだけだ。

このように「実際に億万長者になれる人」こそ、誰が儲けているのかに気づいている人だ。億万長者になれない大半の人は、結局「儲かる人を儲けさせているだけの人」でしかない。

たとえば、石油ラッシュで、全米から一攫千金を狙って石油を掘り当てに人が集まる。その状況で、一体誰が儲かるだろうか？　それは石油の採掘機械を売る人だ。採掘して掘り当てるコツを教えて金を取っていた人だ。

夢を求めて石油を掘るのがいけないとは言わない。しかし、誰が、どんな仕組みで儲けているのか、このテーマを常に追い続けていくことが大切なのだ。

【“一部の人”だけが儲かるシステム】

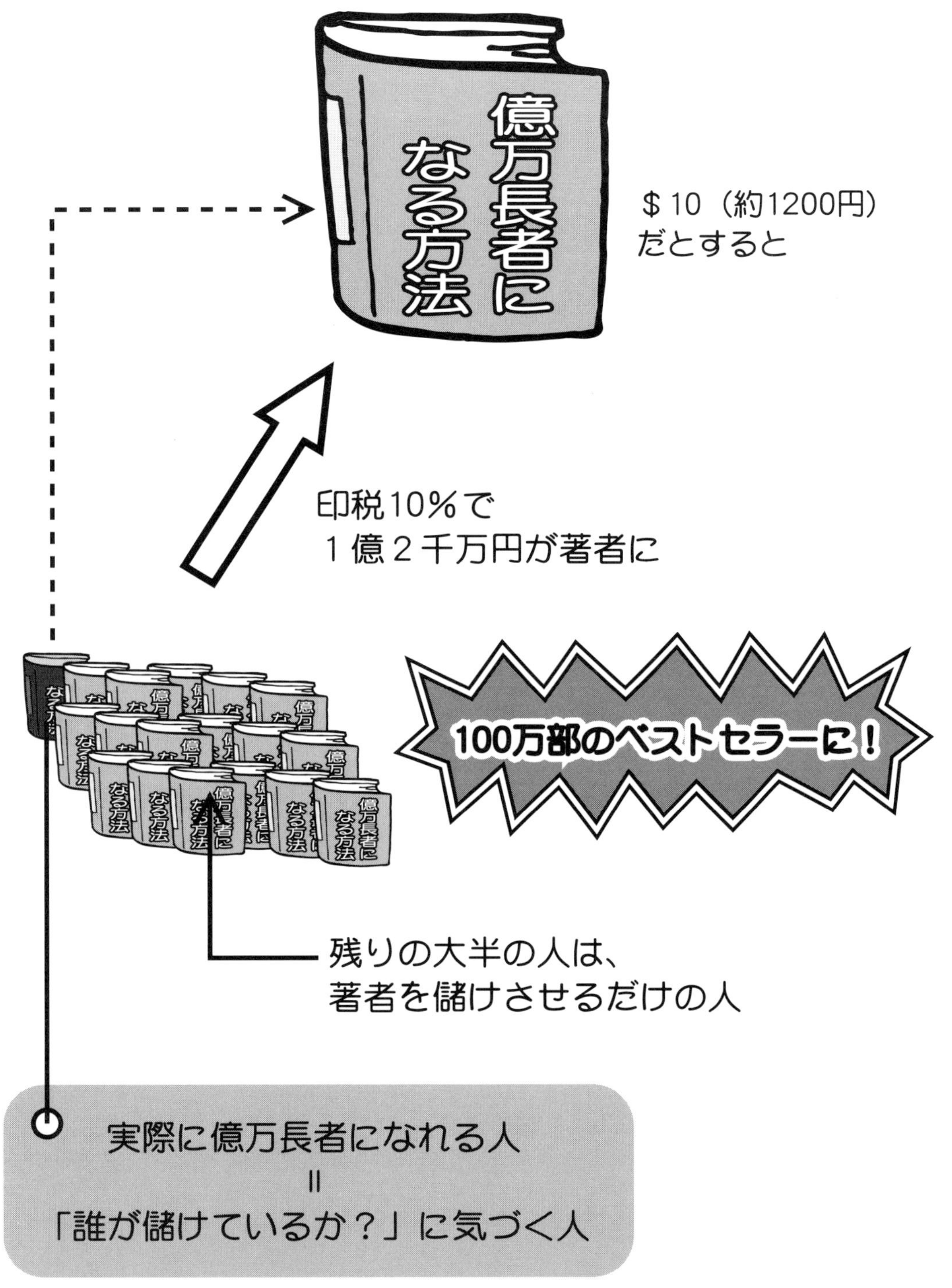

億万長者になる方法
＄10（約1200円）
だとすると
印税10％で
１億２千万円が著者に
100万部のベストセラーに！
残りの大半の人は、
著者を儲けさせるだけの人
実際に億万長者になれる人
＝
「誰が儲けているか？」に気づく人

PART 1

この「動機づけ」のない人に成功の女神は微笑まない！

億万長者になりたいという欲があるか？

——頭の中で考え迷う前に、まず一歩を踏み出せ！

なにも「変わる」必要はない！大切なことは実行に移すこと

成功するためにはどうすればいいのか、みんな必死で考えている。

確かに考えることは重要だが、実をいうともっと大切なことがある。どう変わるのか、次は何が流行するのか、なんてことを考えているぐらいなら、とりあえずサイコロ振ってしまうのも同じくらい大切なのだ。

とにかく「コミットメント」すること。成功することを自分自身に誓うのである。そして、行動に移すことが重要だ。大半の人は、六面体のサイコロを振ればどうなるのか、どんな目が出るのかを考えているだけで満足してしまうものなのだ。

実際、クルマを買うときでも新しい事業をする場合でも、計画を立てているときが一番楽しい。いわばモラトリアムの状態が一番楽しいわけだ。

たとえば、パチンコ屋さんの店長さんが独立しようと考える。いろいろなビジネスを考えて、景品交換所をやるとか、そこでなにか別のものを売ろうとか、いろいろ考えるわけだ。しかし、そういった段階ではコインの表しか見ていない。誰が一番儲けているのか、そのパターンに気がついていない。

現役では圧力がかかるから「元パチンコ屋店長」として「パチンコにあなたはなぜ負け続けるのか？勝つための鉄則集」なんていう本を1万円で売る方法もある。5000円で売って、テープとかビデオをつける方法もある。

要するに、パチンコ屋の発想から無理して変わる必要などないし、前にも述べたが変わらなくても、新しいビジネスはいくらでもある。ただ、「誰が儲けているか」という真実に気づいていないから、いつまでたっても砂時計の中にとどまることになる。しかし、一度気がついてしまえば、後はサイコロを振って行動に移せばいい。

もちろん「今の仕事を辞めてしまえ！」とは言わない。日曜日だけでも実践できるはずだ。副業でもスタートできるはずだ。睡眠時間を削れば夜でも実行に移せるはずだ。大きな一歩でなくても良い。今すぐできる小さな小さな一歩こそ、最も重要なのである。

具体的に動く人はわずか5％しかいない！

結局、その一歩が踏み出せるかどうかが、成功できるかどうかの分かれ道になる。おそらくこの本を買って読んでいる読者も、買わずに読まない人も、具体的に第一歩を踏み出せる人は、ごくわずかだろう。具体的に動く人は、この本を読んだ人でも5％程度だ。

左図は「ワン・ミニッツ・ミリオネア」を参考にした成功までのチャート図だ。自分を検証してみてほしい。同書は、**1分間で億万長者になるシステム**を示したもので、マークビクター・ハンセンとロバートG・アレンが書いて全米でベストセラーになっている。

ここで注目したいのは、コミットメントにいたるまでに重要なことはたったの二つだと指摘していることだ。一つは、「Have Desire?（**億万長者になりたいという欲があるのか**）」そして「Willing to Act?（**行動する意思があるのか？**）」の二つだ。欲求があり、行動に出せれば、とりあえず億万長者になる資格はできる。

【コミットメントは充分か？】

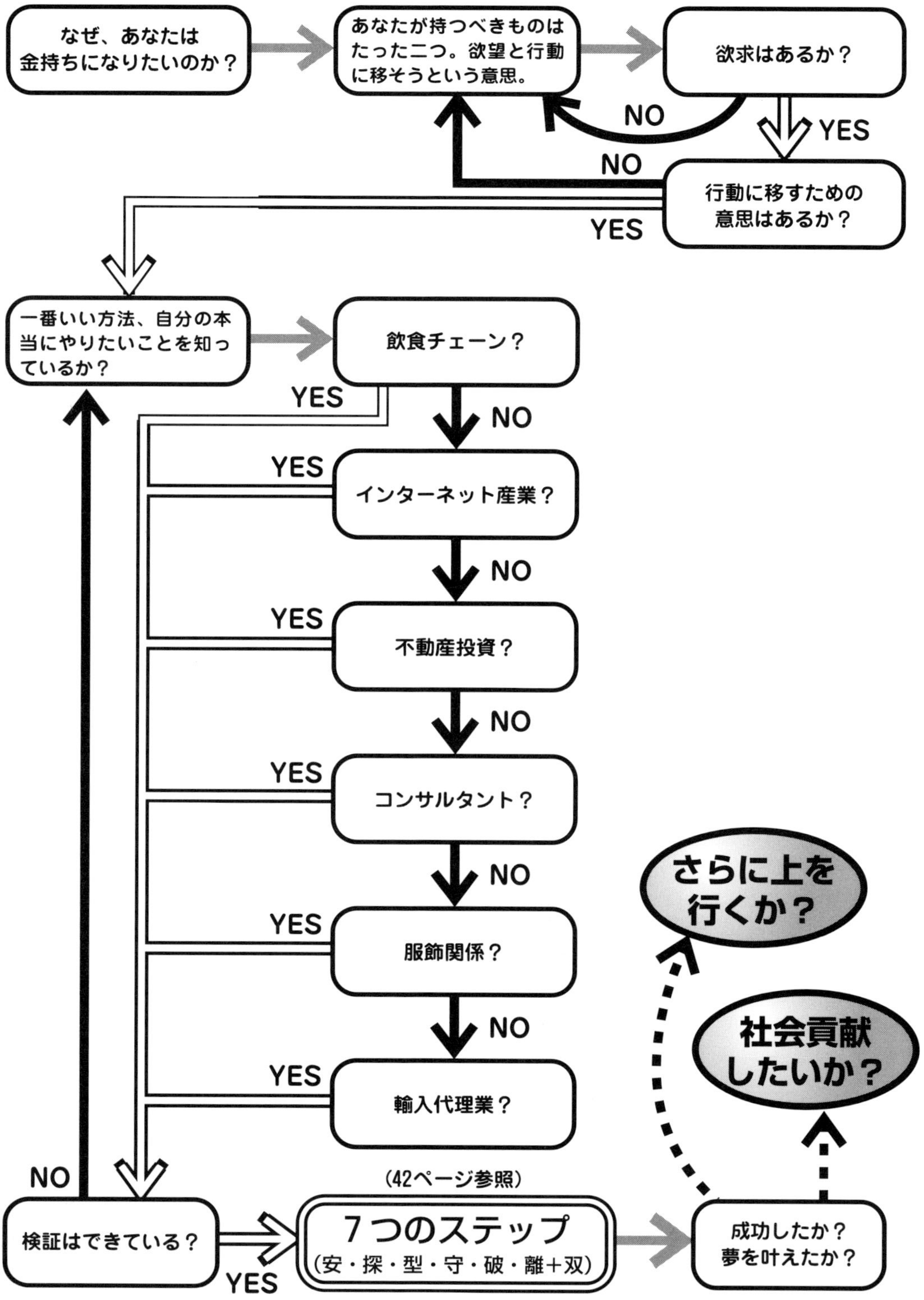
なぜ、あなたは
金持ちになりたいのか？
あなたが持つべきものは
たった二つ。欲望と行動
に移そうという意思。
欲求はあるか？
NO
YES
NO
行動に移すための
意思はあるか？
YES
一番いい方法、自分の本
当にやりたいことを知っ
ているか？
飲食チェーン？
YES
NO
YES
インターネット産業？
NO
YES
不動産投資？
NO
YES
コンサルタント？
NO
YES
服飾関係？
NO
YES
輸入代理業？
さらに上を
行くか？
社会貢献
したいか？
NO
(42ページ参照)
検証はできている？
7つのステップ
(安・探・型・守・破・離＋双)
成功したか？
夢を叶えたか？
YES

参考文献「ワン・ミニッツ・ミリオネア」徳間書店

「きれいごと」VS「現金」――まず月収200万円へ

――はじめは本能のままに「金が欲しい！」だけでいい！

月収200万円を目指す理由

結論から先に言えば、だいたい月収200万円ぐらいまでは、働く意味などを考えずに「お金が目的」だけでもいいようだ。

食肉店や外食産業を手広く経営しているあるベンチャー企業の社長は、はじめは儲かりたい一心、強い金銭欲の固まりでいいのだと言い切る。その理由は**「お金がほしい、儲かりたいという動機、それは自己成長欲求の表れの一つ」**であるからだと。お金儲け自体は非常に社会的意義がある。利益をあげることであり、それは決して汚いことでも何でもないと。

言われてみればそうだ。お金とは所詮自己の目標や夢を実現する「道具」の一つに過ぎない。だからこそお金儲けというのは「手段」「儲け方」が大切だ。法を犯したり社会のルールや道徳に反することなどは決してしない。そういう当たり前のことをわきまえた上で「儲かりたい」「お金がほしい」という自己実現の一つである欲求心を満たすために努力する。それが「商売」の基本なのだ。

進むべき道とやり方を判断する「ブロック思考」

実際に、社会性と月収というものを考える場合は、左図のようなブロックで考えると分かりやすい。社会性の意味を考えるのは、人にもよるが月収200万円くらいを超えてから方向を転換すればいいようで、この矢印の方向を間違えないことが大切だ。収入も低いのに社会性が高いビジネスを目指すとなかなか成功しない。

もっとも、実際に月収200万円くらいに到達すると、自然に社会性を求めるようになる人が多いから不思議だ。こうしたブロック思考は、ビジネスを展開しようと思う市場への参入障壁と資金の関係、あるいは粗利益率と市場規模の関係でも言えることだ。

たとえば、「参入障壁と資本の関係」では、小資本のうちは参入障壁の少ない分野でスタートすべきだ。徐々に資金を貯めていって、ある時点まで資金ができたときに初めて参入障壁の高い分野に進出していくのが賢い。小資本のままで、参入障壁が高い分野に進出することはやってはいけない。

「粗利益率と市場規模の関係」に関しても、ビジネスのスタートは市場規模が小さく、粗利益の高い商売からスタートすることだ。そのほうが失敗は少ない。

で、うまくいきだしてから市場規模が大きなところへ進出する。しかしそういった市場はライバルが参入したり類似商品が出てきたりして急速に粗利が低下していく。しかしながら市場規模が大きいので、市場シェアトップや固定ファンが多い老舗企業、リピーターを多く抱えている優良企業は、粗利が低くなっても儲かっていく。その典型例がいわゆる「大企業モデル」である。

ところが、ほとんどの起業家、独立開業者がこの「粗利が低く市場規模が大きい」「参入障壁が高く大資本が必要」なところからビジネスに参入してしまっている。FCなどの形での参入がほとんどであるが、その場合だとサラリーマン時代とたいしてかわらないか、生涯年収レベルで見てみると、サラリーマンの方が総収入が多いこともザラな結果となる。

【「きれいごと」VS「現金」を目で見ると…】

月収200万円までは「金だけ」でいい！

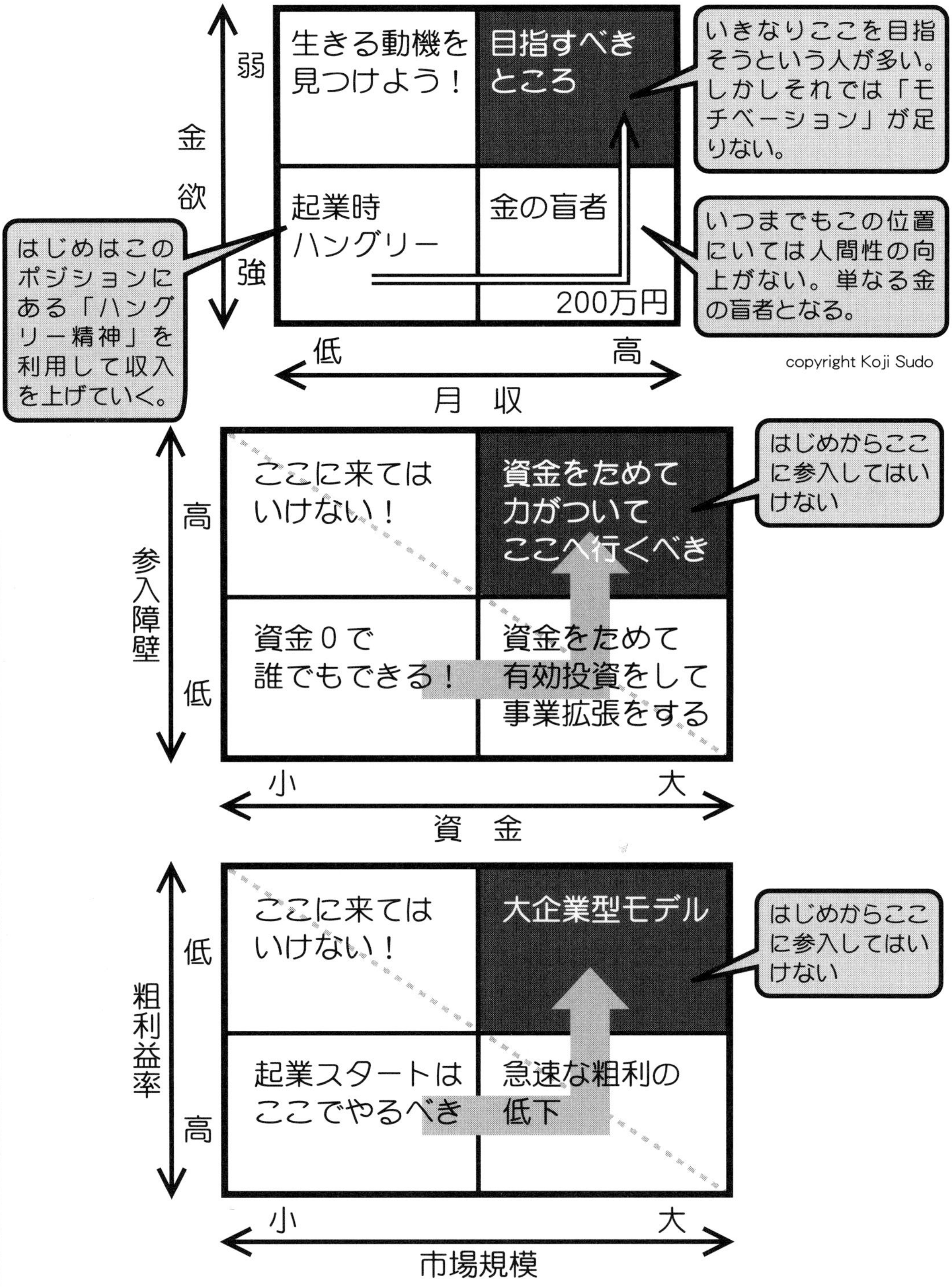
弱
金欲
強
生きる動機を見つけよう！
目指すべきところ
起業時ハングリー
金の盲者
200万円
いきなりここを目指そうという人が多い。しかしそれでは「モチベーション」が足りない。
いつまでもこの位置にいては人間性の向上がない。単なる金の盲者となる。
はじめはこのポジションにある「ハングリー精神」を利用して収入を上げていく。
低
高
月収
copyright Koji Sudo
高
参入障壁
低
ここに来てはいけない！
資金をためて力がついてここへ行くべき
資金０で誰でもできる！
資金をためて有効投資をして事業拡張をする
はじめからここに参入してはいけない
小
大
資金
低
粗利益率
高
ここに来てはいけない！
大企業型モデル
起業スタートはここでやるべき
急速な粗利の低下
はじめからここに参入してはいけない
小
大
市場規模

出典「60分間・企業ダントツ化プロジェクト」（ダイヤモンド社）

計画は、たてるな！ 願望を書き出せ！
——成功する人の計画表とは……

経営計画書を書くことで満足してしまうのが普通の人

成功する人とそうでない人には、大きな違いがいくつかあるが、その一つが「経営計画書」だ。大半の人は、独立に際して極めて詳細な経営計画書を書く。

そういった経営計画書は、スケジュールを決めて、1ヵ月後、半年後、1年後、3年後という具合に、そのスケジュールを書いていくのだが、子供の頃の学習計画表と同じで、そのまま実現できることは少なかったはずだ。

目標があって理想の一日を決める。その通りに実行していけば、月収もたぶんもうすぐこの程度にはなるだろう。労働時間も半年後には縮小して、別の事業もできるようになる。という希望で終わる……。

書くということは、明確にすることだ。書いたことで位置づけができる。しかし、実をいうと書くことによって満足をしてしまう人が大半なのだ。満足するために書いている人が多く、これではただのカレンダーにすぎない。

成功する人の本当の経営計画書というのは、結果が書いてあるものだ。普通の人が考えるスケジュール表は、単なる予定表であり、どんなに計画を立てても意味のないことだ。

それより注意したいのは、予定や計画に縛られて、予定表にこだわり続けてしまうのは、電車の中に居続けるのと同じことだ。

予定表という"電車"から下車しなければ、いつまで経っても経営計画書をつくるだけで満足して終わってしまうことになる。それでは何の意味もない。

自分が願ってやまないことを書き続ける

では、成功する人の計画表というのは何か。簡単にいえば、自分の願望が書かれているものだ。

「私はこうなる」「年収はこうなりたい」といった願望を書くことだ。「銀座の一等地に店を出す」「年商10億円以上」「休暇は1カ月以上とる」といった願望を書いていくことで、意志を明確にしてその実現を目指すことが大切なのだ。そして、この作業は成功した後も延々と続けていくのがベスト。

成功した人ほど、こうした自分の願いをいつも検証している。書いたことが実現したら、またその上を書いていく。それが成功する人の予定表であり、計画表だと考えれば分かりやすい。

自分の希望や願望を明確に書くことで、進むべき方向性をきちんと定めることができる。きれいごとに逃げられない。「成功する人のスケジュール表には、結果が書いてある」といったが、願望を書くことでいずれはそれが結果になればいいわけだ。

さてＰＡＲＴ１では、動機づけの重要性を述べてきたが、成功するためには、コインの裏と表があることに気づき、世の中の不条理の世界に入ってしまわないことが大切であると指摘してきた。そして、誰が一番儲けているのかを常に考えていること。そんなアンテナが大切になってくる。自分の願望を予定表に書くということは、まさにＰＡＲＴ１で訴えたかった「動機づけ」の部分に相当する。自分の描く将来の姿を明確にすることで、動機づけが行われる。それこそが成功への道なのだ！

【成功する人の計画表は？】

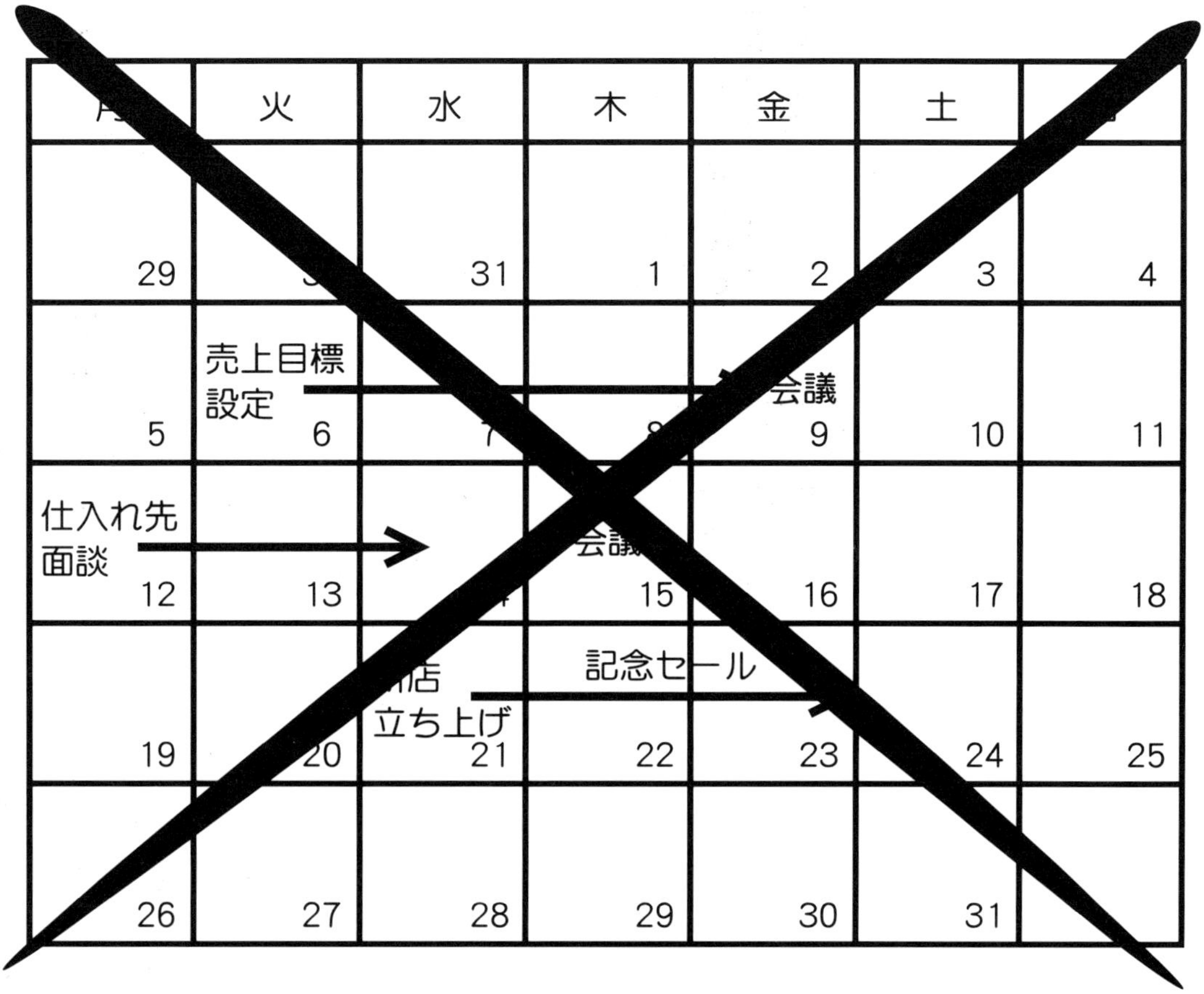

火
水
木
金
土
29
31
1
2
3
4
売上目標設定
会議
5
6
9
10
11
仕入れ先面談
12
13
15
16
17
18
記念セール
立ち上げ
19
20
21
22
23
24
25
26
27
28
29
30
31

「願望」を書け！

- ●銀座の一等地に店を出す
- ●年商は10億以上
- ●休暇は１カ月連続でとる
- ●世田谷区に100坪の家を３年以内に

「やりたくないこと」の中に成功の秘密が！

――「本当にやりたいこと」は、こう見つける

成功するために一番の近道は「成功者を真似る」ことだ。業種は違っても、何かで大儲けしている彼らには共通した法則がある。人生や仕事に対して、彼らが考えていること、知っていることなどを、ちゃっかりいただいてしまおう。真似るだけであなたも成功に近づくのだ！

「やりたくないこと」をとことん書き出せ

「あなたのやりたいことは何ですか？」

　この質問に本当に明確に答えられる人は何人いるだろう。ただ単に「お金儲けがしたい」などという答えをする人に成功はない、という話はたびたびしていく。では仮に「アクセサリーの店を持ちたい」とか「資格をとって会計事務所を開きたい」とあなたが答えたとしよう。

　本当だろうか？　それは「あなたが本当にやりたいこと」なの？　なぜこんなにしつこく問うのかといえば、案外みんな、ここを間違えているのだ。

　実は「本当にやりたいこと」を見つけるためには、「本当にやりたいこと」を探しても見つからない。ではどうするか。

「やりたいこと」を見つけるのに一番いい方法は、「やりたくないこと」を考えていくことだ。「やりたくないこと」を徹底検証して残ったものが、あなたの「本当にやりたいこと」なのである。わかりにくい？

　では書き出してみよう。具体的に書いてみよう。

　もし「アクセサリー店を持ちたい」と答えたあなたが、「生意気な若者におせじを言いたくない」と思ったなら、アクセサリー店はやめたほうがいい。こういうことである。

ここまで自分を検証できるか

　実際に成功する人間というのは、ここを冷徹なまでに検証している。自分は満員電車には乗りたくない。電話でセールスなんてとてもできない。制服なんて着たくない。時間が不規則なのは耐えられない。など、とにかく自分を正直に書き出してみる。その結果残ったところに、あなたが成功する道がある。

　ただし、間違っても「仕事をしたくない」などと書き出さないこと。働いていい報酬を得たいのだけれど、方法としてとりたくないことを具体的に、より詳細に書き出していかないと、明確な絞り込みはできない。

　もちろん、まれにではあるが、最初から「やりたいこと」に絞りきれる人がいるのも事実ではある。ただし、非常にまれであるし、そういった成功者は、そうなるまでにどこかで自己研さんしているのだ。今のままで成功を確実につかみたいと考えているあなたにはおすすめできない。

　なぜなら、前述のアクセサリー店の例のように、「やりたいこと」ばかりを優先して考えると、その楽しい側面にばかり頭が行って、自分にとって実はとても嫌なことというのが、見えなくなってしまう人がほとんどなのだ。

　つまり潜在的に自分の中にある「やりたくないこと」に気づけない。その結果、たとえば転職したり独立したりしてみても、「こんなはずじゃなかった」というハメにおちいる。

　さあ、左の図のように、徹底的に「やりたくないこと」を書き出してみよう。書き出しても、一度で納得しないこと。今「これでよし」と思っても、しばらく時間がたてば、もっと真実が「見えて」くるかもしれない。検証は何度でもとことんいく。

【やりたいことを“確実に”つかむ法】

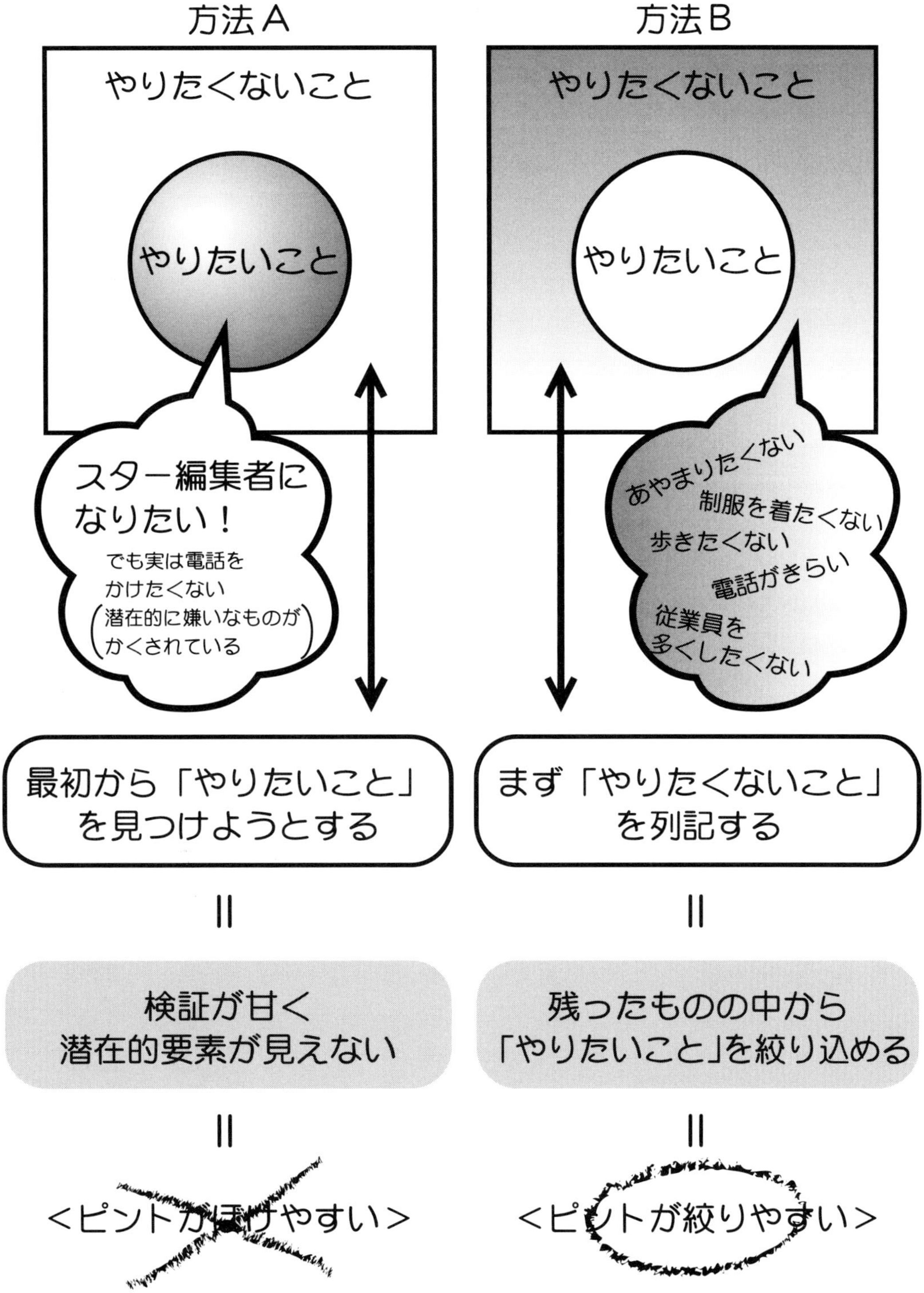
方法A
やりたくないこと
やりたいこと
スター編集者になりたい！
でも実は電話をかけたくない
（潜在的に嫌いなものがかくされている）
最初から「やりたいこと」を見つけようとする
＝
検証が甘く潜在的要素が見えない
＝
＜ピントがぼけやすい＞
方法B
やりたくないこと
やりたいこと
あやまりたくない
制服を着たくない
歩きたくない
電話がきらい
従業員を多くしたくない
まず「やりたくないこと」を列記する
＝
残ったものの中から「やりたいこと」を絞り込める
＝
＜ピントが絞りやすい＞

参考文献「非常識な成功法則」（フォレスト出版）

冷静に「自分」を見る方法

——この方法で常に客観的に検証する

ラッシュアワーの電車には乗らない覚悟が必要

　ビジネスはある意味で常に迷いの連続でもある。たとえば、ある程度会社が大きくなっていくと、株式を公開して上場しませんか、といった誘いが証券会社などから来るようになる。実際に非常に儲かっていると、上場することも必要かな、という気になってくる。資金調達も楽になるし、何より公共性をもつようになり社会的地位が向上することになる。

　しかし、その一方で冷静になってみると、株式公開には大変な労力と犠牲が必要になることに気がついてくる。直接収益を生まない部分を数多く抱えなくてはならないし、プライベートな部分も消えていく。社員の休暇制度を含めた福利厚生をどうするのか。会社の財務状況を洗いざらい公にするIR情報も必要になる。そのための専門部署もつくらなければならない。当然、そのスタッフを揃えることになり、人件費などのコストもかさむ。

　結局、冷静に考えてみると「上場したくない」自分の姿も見えてくる。つまり「上場したい自分」と「上場したくない自分」がいて自分の中に矛盾が生ずるわけだ。

　上場に限らず、こうした「迷い」や「矛盾」は事業を展開していく上で常につきまとうことになる。先に紹介した「社会性と月収の関係」と同じで、事業を展開していると必ず、社会性を高めなければいけない、株式公開をすべきだという、世の中の当然の流れのような誘いがやって来る。

　しかし、**事業で大切なことは他の人がやっているからといって、そのまま疑問をもたずに追従してしまわないこと。**いわばラッシュアワーの電車に乗らない勇気も必要なのだ。こうした「チェック＝検証」は常に必要だ。

常に「もう一人の自分」をもって検証する習慣を！

　問題は、どんな方法で「検証」し続けるかだろう。たとえば「帽子」を使っている人がいる。

　赤い帽子、麦わら帽子、黒い帽子を用意して、実際にかぶりながら第三者の自分を想定する。赤い帽子のキャラクターは明るくて、前向きな性格。麦わら帽子は、気楽な楽天家。黒い帽子は、冷静沈着で比較的保守的……。それぞれの立場に立って、現在与えられているテーマを考えてみる。

　会社の会議室で、一人で座る位置を変えながらやってみるのもいいし、違う帽子をかぶって公園に行って、そのキャラクターで考え込むのもいい。

　大切なことは、**常に「もう一人の自分」をもって検証できる習慣をつくっておくことだ。**たとえば、この事業は成功率が高くて、絶対成功すると思うようなビジネスに取り掛かろうとしているときでも、もう一人の自分が、自分を客観的に後ろから見つめている様子をイメージできることが大切だ。常に、もう一人の自分が検証することで、完璧に見えるビジネスでもその落とし穴を見つけられる。

　帽子を使う方法以外にも、会議室のミニチュアをつくって、それぞれのイスに別々のキャラクターを座らせて上からのぞく方法などもある。「自分のミニチュア」が見える瞬間というのは絶対に冷静になれる。

【自分を客観的に検証する法】

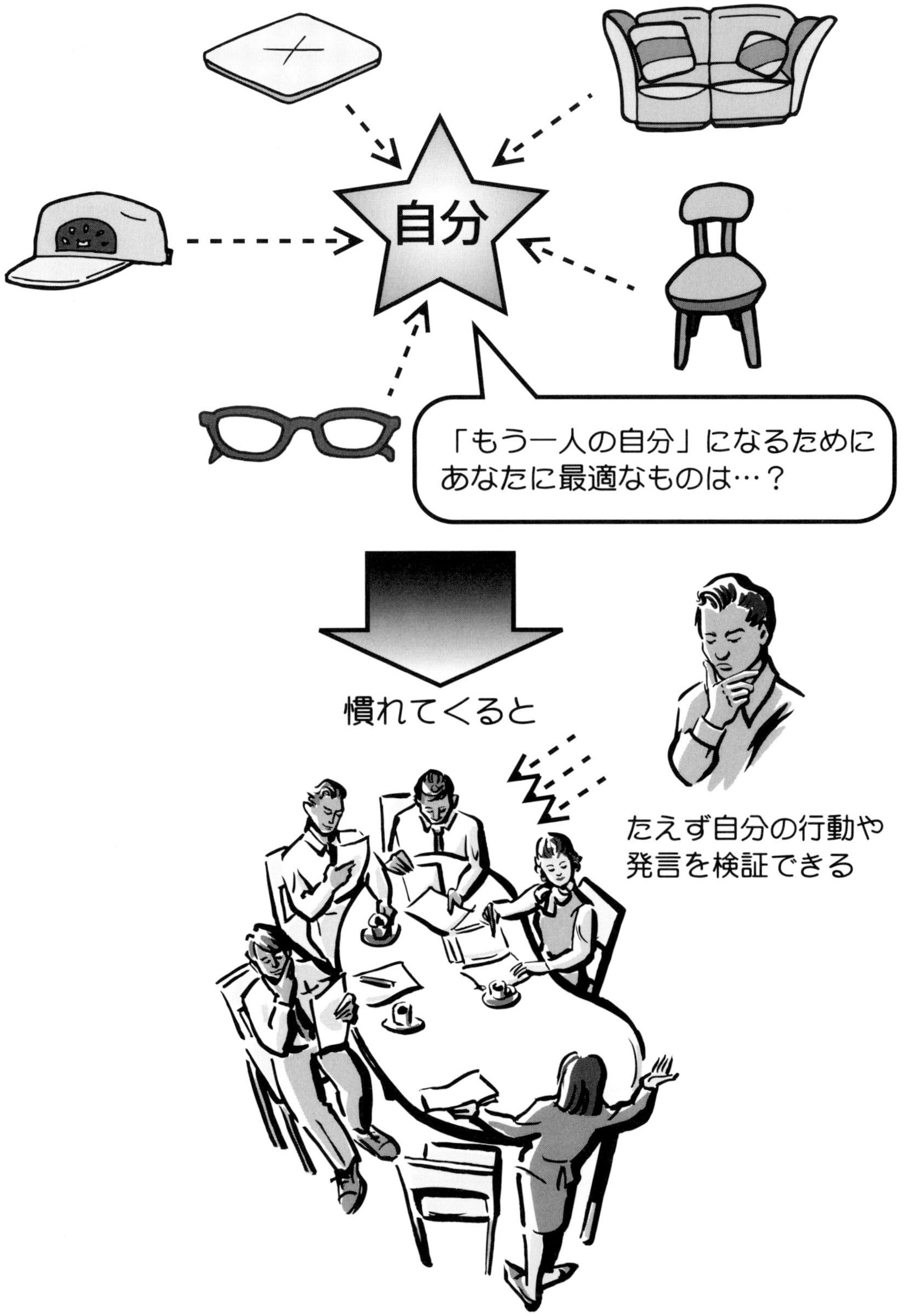
自分
「もう一人の自分」になるために
あなたに最適なものは…？
慣れてくると
たえず自分の行動や
発言を検証できる

成功者の「使命《ミッション》」には必ず「儲ける」という文字が！

——成功できる人、できない人の差はここにある

「やりたい」「やりたくない」だけでは判断できない？

言うまでもないが、ビジネスを展開していくときに「何となく楽しそう」という感覚だけでは通用しない。

もちろん人間だから嫌われたくはないし、自分以外の人間を幸福にできればうれしい。当然、誉められればうれしいに違いはない。そんな仕事ができたら…。

誰でもこんな気持ちを持つのは自然なことだし、否定するつもりはない。ただここから入るとまず成功しない。

そこで、お勧めしたいのが「自分のミッションとは何か？」という問い掛けだ。自分のビジネスや人生、生き方などすべて含めて、人生のミッションについて常に考えることが大切だ。そしてそれを書き出して見ること。ちょっとここでやってみてほしい。

ミッションというのは、自分に与えられた「使命」という意味だ。むろん、その内容は人それぞれに違う。「ヒット商品を連発する」、あるいは「会社を大きくする」といったビジネス面でのミッションを掲げる人もいる。

描くミッションの規模も違ってくる。「自分の会社を上場させる＝上場会社社長」を使命にする人もいる。

一方で、ビジネスとは別に「いい家庭を築く」「両親を大切にする」「豪邸・別荘を持つ」といった個人的な部分でのミッションを掲げる人もいる。

さて、ここで重要なことは、たった一つ。**書き出したそのミッションの中に「儲ける」という文字がなくてはダメだということだ。**

「儲ける」気持ちがなくては成功しない！

どんなミッションを掲げていても、大切なことは「儲ける」という発想だ。儲けるという発想がなければ絶対に成功できない。

さらに大切なことは、あらゆるミッションに「儲ける」という動機づけをしていくことだ。左下の図を見ていただくと分かりやすいが、「儲ける」という発想がミッションの中心にあるのが理想的だ。

「海外に進出する」というミッションがあった場合、その先には「儲ける」という目的がなければならない。また「社会貢献する」というミッションがあったとしても、何らかの形で「儲ける」という発想がなければ貢献そのものがかなわない。

成功できる人と成功できない人との間には、この「儲ける」という概念に大きな違いがある。成功する人は、共通してここを外していない。常に「儲ける」をものごとの中心に置いているからだ。

もっとも、儲けるという発想は人間の本能的なもので、極めてディープな部分に根づいている。

米国での話だが「家に居ながらにして年収５０００万円儲ける方法」という本を出版したが、反応はゼロだった。しかし、「年収２０００万円」にして出版したら、爆発的なヒットになったという話がある。

５０００万円だとピンとこないが、２０００万円だと身近なものに感じて手に取る。自分の身近な「儲け話」に対して、人間はとっても敏感だということ。自分の身近な視線にある儲けに対して、我々は常に自分のミッションを問い直すことだ。

【「儲ける」気持ちはどこまであるか？】

あなたのミッション（使命）を書いてみよう

×

ヒット商品を連発する
会社を大きくする
家族を幸せにする
社会貢献する
豪邸も別荘ももつ

○

社会貢献する
いい家庭を築く
海外に進出する
儲ける
両親を大切にする

この文字がなくてはダメ！

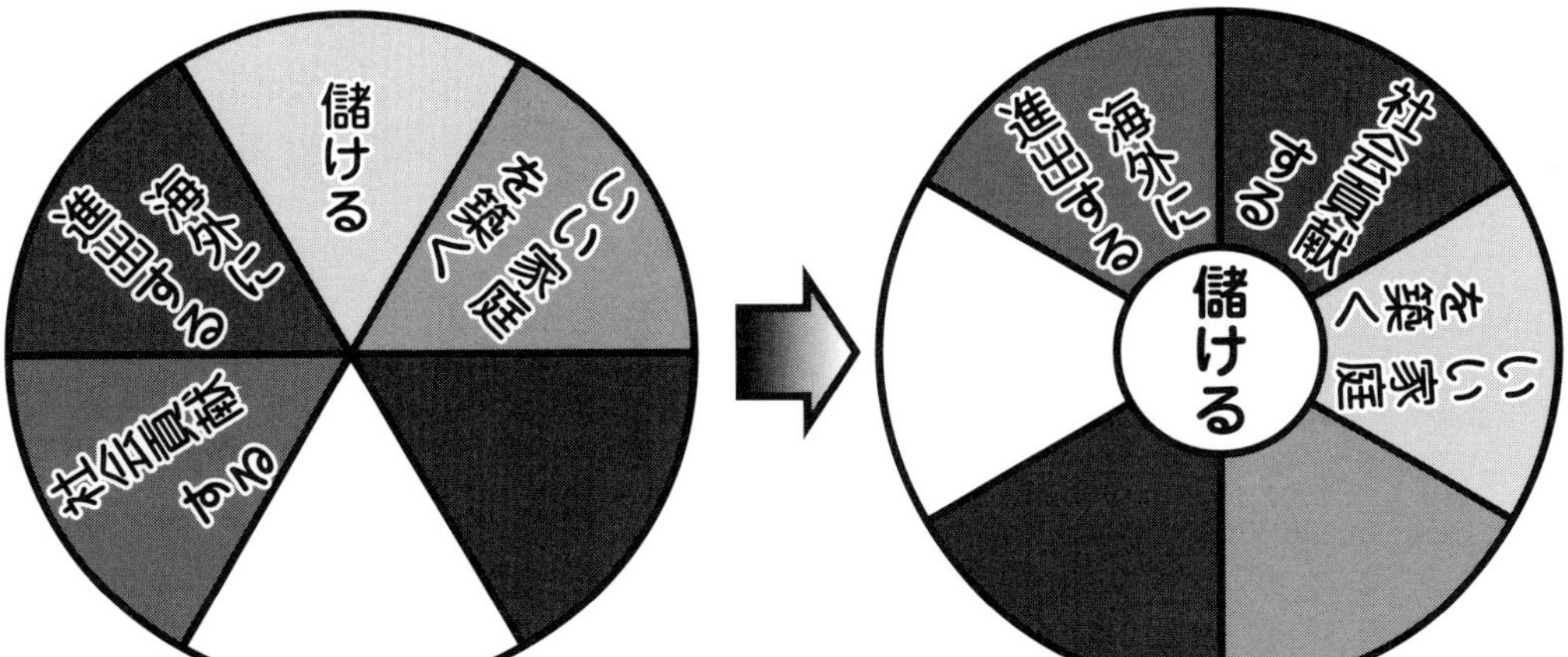

さらに右図の
認識を強くする

「儲ける」が中心にあって
あとの使命はそこからはじまる

「どうしたら儲かりますか？」は最悪

──焦点を絞った質問が成功への道！

絞り込みのできてない質問をする人は成功できない

様々な人のコンサルティングをやっていて「あっ、この人は成功できないな」と瞬間的に思うことがよくある。たとえば、起業する前の人の場合なら、「どうすれば儲けることができますか？」と聞いてくる人。すでに起業した後の人でも同様。

「どうすればお客を呼ぶことができますか？」

「売れる商品をつくるにはどうすればいいですか」

という質問の仕方をする人はダメ。かつて異業種交流会というのが盛んに行われていた時期があったが、そこでコンサルタントなどに集中する質問のほとんどはこの種のものだった。

なぜ、この質問がいけないのか。

要するに「絞り込まれていない漠然とした質問」であり「ブレークダウンされていない質問」だからだ。

より具体的で、焦点を絞った質問ができなければ、質問する意味がないことに気がつくべきだ。

「チラシを配ってもなかなかお客さんの反応がない。そこで、チラシをこんなスタイルに変えて、新しい形でトライしようと思うんですが、この方向づけでいいのでしょうか。もっと他の効果的なアイデアがあったら教えてください」といった具体的な質問ができるまで、質問の中身をブレークダウン（分解）すべきなのだ。

ブレークダウンするには「知識とスキル」が必要だ

「どうすれば儲けることができますか？」──そんな質問をしてくる人は、結局コインの裏側も見えていないし、自分のミッションが何であるかも理解していない。

ではどんな質問をすれば一番いいのか。ブレークダウンさせて、質問を焦点化しようとすると「知識とスキル」が必要になってくる。言い換えれば、自分の質問をブレークダウンさせるだけの知識とスキルがなければ、成功なんかできないと考えていい。

ある人が脱サラして、移動式のアイスクリーム屋を始めた。実はアイスクリームというのは、冬は確かに売れないが、31度を超える暑さになっても売れなくなる。夏前に一番売れて、あとは苦しい。非常に波のある商売なのだ。

彼にしてみれば、年々暑くなっていく日本で、悪くない商売と思ったのだろうが、予想外の苦戦に「どうしたら売れるでしょうか？」と聞いてきた。

これではダメ。「冬に売れる商品としてこんなものを考えているけどどうか？」「夏はミネラルウオーターを売ろうと思うが、冷たそうな演出にどんなものが？」など、焦点を絞った質問ができなければ望みゼロだ。

お好み焼き屋の例もある。ただ「若い人に受けるにはどうしたらいい？」と聞かれても困る。「服が汚れない印象を与えるテーブル周りのつくり方は？」「回転率は何回くらいに？」「メニューの言葉選びは？」など、具体的に聞いてきた人は成功した。

もし自分がダメな質問を繰り返していたと気づいた人は、常に自分の質問をブレークダウンする習慣をつけてほしい。その過程で知識とスキルを身につけていくしか方法がない。それができない人は、永遠に成功できない。

【ブレークダウンの思考法】

＜悪い例＞

儲けたいんですがどうしたらいいですか？

お客を呼ぶにはどうしたらいいですか？

売れる商品をつくるにはどうしたらいいですか？

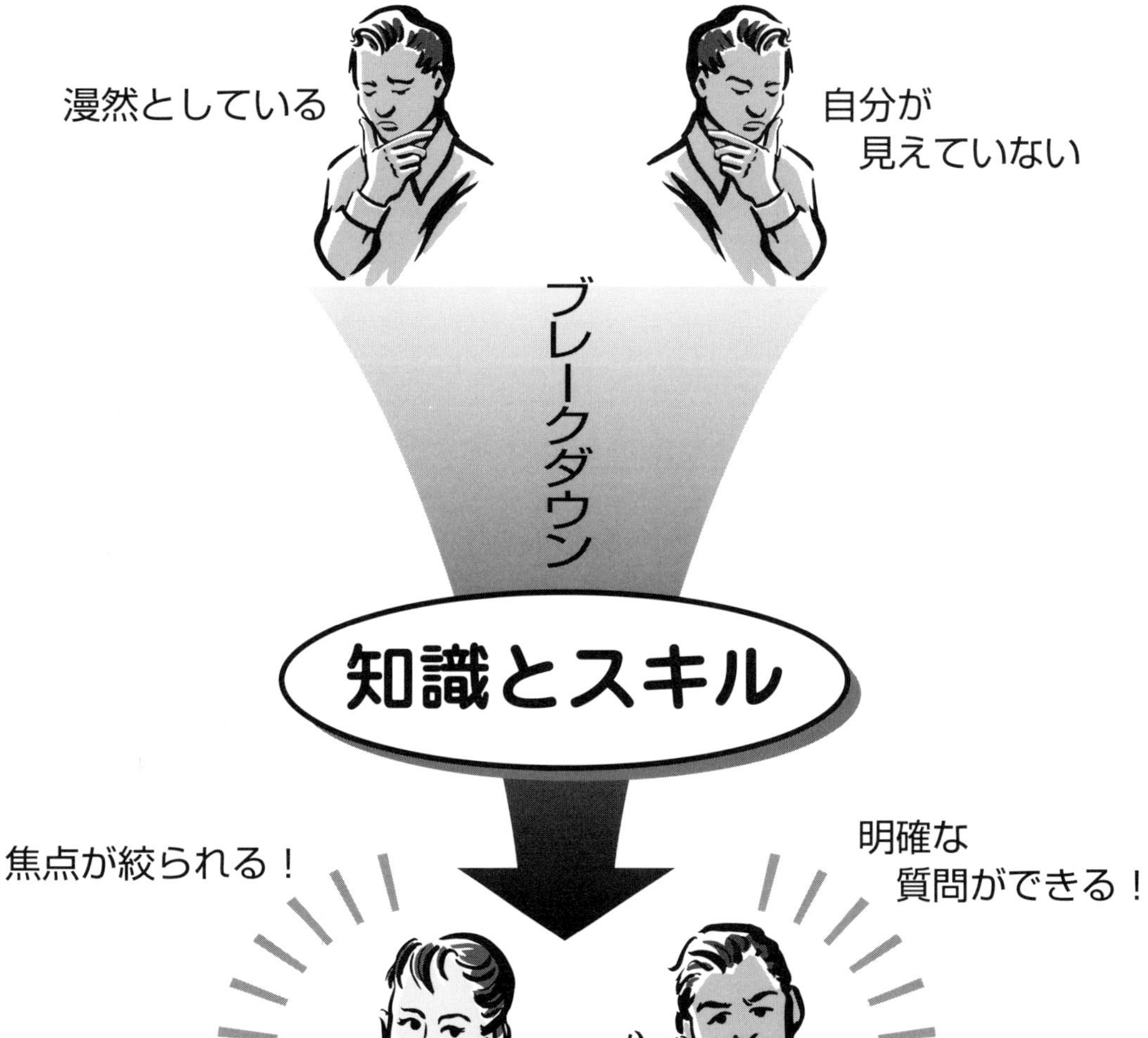

＜いい例＞

商品について具体的に聞く「色はグレーにしてはどうでしょうか？」

価格について具体的に聞く「他社より30円安くしようと思いますが」

環境について具体的に聞く「終電時間に合わせてみればどうですか」

安い賃金で雇われている時、何を考えるべきか？

——砂時計に自分も入ってみる探求心も必要

成功する人はあらゆることに熱心である

成功する人に共通なことに、あらゆることに対して非常に熱心であるという事実がある。

前に、世の中は不条理であり、砂時計の中にはまってしまってはいけない（12ページ参照）と指摘したが、実は成功する人というのは、あえてこの砂時計の中に飛び込んでいく人も少なくない。

むろん、最終的には砂時計の中から飛び出してくるわけだが、「砂時計の中にはまってしまうとはどういうことなのか」、「消費者を上手にコントロールして、儲けるには？」など、実際に砂時計の中に入って、自分自身で体験してみなければ分からないことも多い。

そして、一度砂時計の中に入ったときは、上から下に落ちながら、二つのことに注目していく。一つ目の注目ポイントは、落ちていくときに下に見える風景や人々の状態だ。砂時計の中に入っている人たちの考え方とか、どんな人が砂時計にはまってしまうのか。いわゆるお金を払ってしまう人のプロフィールをチェックすることができる。

注目ポイントの第2は、落ちるときに上に広がる情景だ。砂時計をひっくり返して儲けている人は誰なのか。どんな人物で、どんな価値観で動いているのか。また、どんなカラクリを使って、砂時計のマジックを演出しているのか。

だいたい成功者というのは、若いときに数々のアルバイトなどをしていた人が多い。しかも時給は安いものがほとんど。お金にこだわるはずの彼らが、何でこんな安い時給で働いたのか？　言うまでもない。自己投資である。砂時計の中に入って安い賃金で働きながら、外で低賃金の人件費で儲けているのは誰かを見ている。

雇う前に雇われてみるというわけだ。これが、もし高い時給にだけこだわっていたらどうだろう。本人は「頭のいいこと」をやっているつもりでも、まさに最も深い砂時計にはまったと言える。

自己投資とはこういうものだ。ある成功者の卑近な例で説明しよう。彼は麻雀で、高校時代に大学生を相手にとことん負け続けた。その砂時計の中で色々見た結果、自分が大学生になったときには敵なしになり、結局儲けの方がうんと大きくなった。

“この方向で間違いはないか”——常に再確認する

成功している人は、常に熱心だ。たとえば、コンサルタントという職業も表面的には高いお金を取ってセミナーをやって、良いビジネスだと思っている人が多いと思う。しかし、一方で彼らもまた年間１０００万円近くをかけて、他のセミナーに出席している。米国のセミナーにも、わざわざ高い航空料金を出して参加する。

成功している人というのは、常に自分のビジネスを再確認し続けている。ビジネスとしての倫理観や信憑性、信頼性は正しいのか、あるいはこの方向性で間違いはないのか。そう、成功者に共通していることは、この「自己否定」をくり返し行い、常に自己革新を行っていることだ。

そしてまた、彼らは気づいている。砂時計を出ても、本当はそこにはもっと大きな砂時計がある。しかしそこを抜けるとまた、より大きな儲けが待っているのだ。

【こんな研究がたえず必要――愛の砂時計理論 TM】

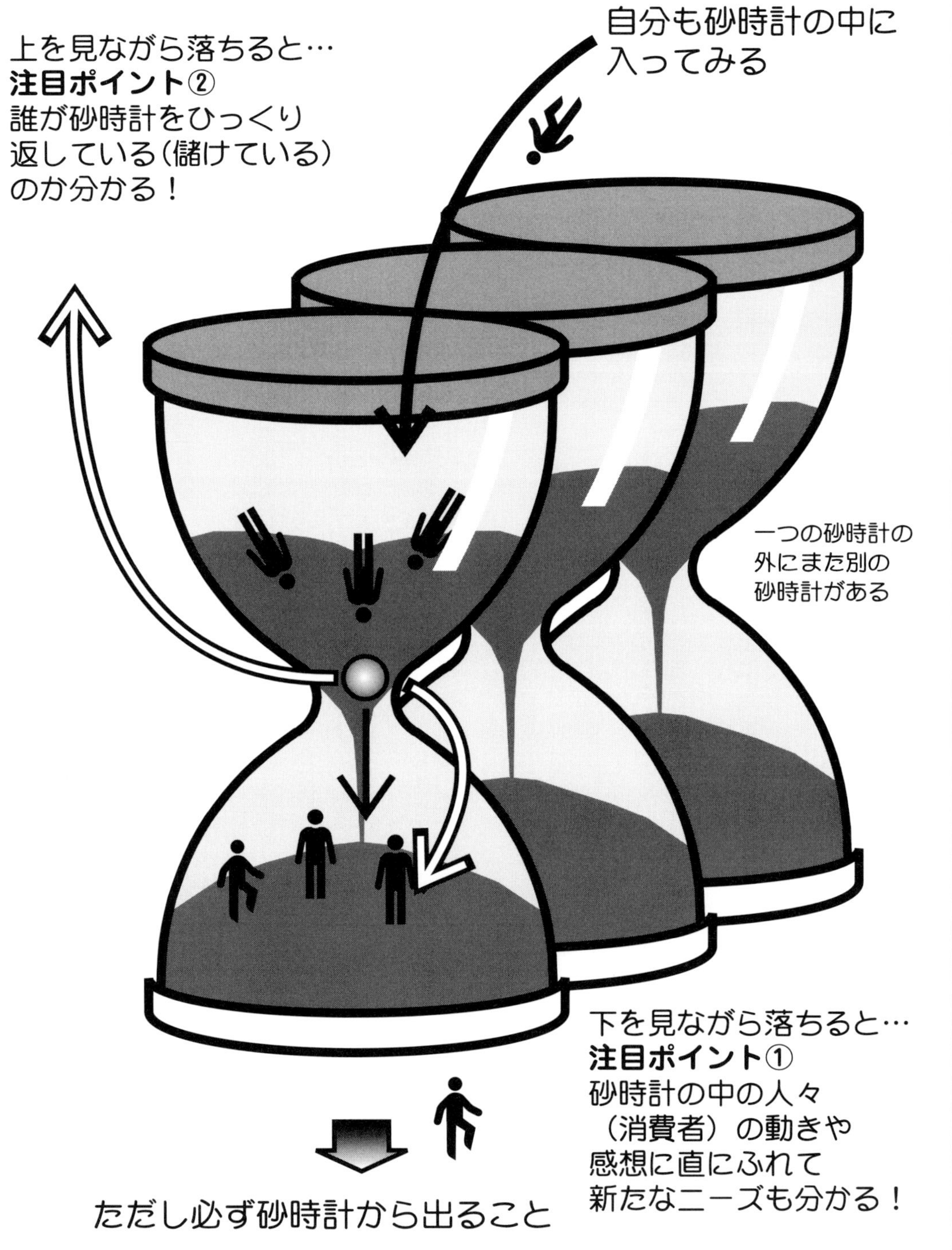
自分も砂時計の中に入ってみる
上を見ながら落ちると…
注目ポイント②
誰が砂時計をひっくり返している（儲けている）のか分かる！
一つの砂時計の外にまた別の砂時計がある
下を見ながら落ちると…
注目ポイント①
砂時計の中の人々（消費者）の動きや感想に直にふれて新たなニーズも分かる！
ただし必ず砂時計から出ること

「儲け」にからむ様々な情報をつかめる人

――成功に直結する情報に敏感になるには？

成功のヒントは「怪しい」「うさん臭い」ものの中に隠れている

「怪しい」「うさん臭い」「変だ」――世の中には、そんなものがあふれかえっている。

実は、この怪しい、うさん臭い、変だ、と思うものにこそ成功のヒントが隠されている場合が多い。しかし普通の人、つまり儲からない人というのは、この怪しいものは避けて「安全なもの（安心）」「名の知れたもの（有名）」「分かりやすいもの（明快）」に、お金を使おうとする。確かにそれも一つの方法だが、こういう人は儲からないし、成功もできない。

その点、成功する人、成功できる人というのは、こういう怪しいものにはなぜかとても敏感だ。常に、怪しいものを察知する高感度の"アンテナ"を立てている人が多い。

66ページで述べる財布の例などもそうだが、成功者はこういった"臭い"ものが好きだ。「幸運のペンダント」「幸運の置物」などがあったとして、ただ「本当かよ？」と笑っていたのでは学べない。買う。これも自己投資だ。するとその人に届くのは「幸運のペンダント」だけではない。まさに「儲け」にからむ様々な情報が届くのだ。もちろんこれは、本人にウラを見る「気づき」がなければわからない情報だが。

こんなことがあった。こういった商品を売っていた業者が誇大広告で逮捕されたのだ。ここで普通の人は「ほら見ろ！」で終わり。しかし成功したい人なら是非、裁判の記録、判例集などを見てほしい。チラシの枚数、配り方から商品の原価など克明にわかる。それは我々自身が想像していたよりも、はるかに効率のいい方法で驚いたものだ。もちろん犯罪を犯せと言うのではないことは当然だ。

怪しいものからカラクリと方法論を学ぶ

一方で、ある会社の社長は、ヒマさえあれば「求人誌」をながめている。何をしているのかよくわからないのにいつも人材募集している会社など見つけたら、「儲けの匂いがする」と思ったら、自ら電話をかけてみる。若い頃はうさん臭いアルバイト募集にはすぐ応募したそうだが、さすがに学生のふりができなくなった今でも、電話なら大丈夫だ。

もっとも、世の中には怪しいものに首を突っ込んでいって、本当に騙されてお金を使ってしまう人もいる。こういう人はむろん儲からないし、成功もできない。

成功できる人が他の人と違うのは、怪しいものに首を突っ込んでいっても、そのカラクリや方法論を学ぶだけで、実際に騙されるわけではないからだ。

成功できる人は安心、有名、明快なものにも首を突っ込む。怪しいものばかり見ていたのでは自分自身のスタンスも怪しくなってしまう。安心できる世界に絡んでいくことで、一般消費者の欲求や考え方を学ぶことができるからだ。

しかも、儲ける人間はうさん臭いところで学んだものを、一般大衆が好む安心、有名、明快なメカニズムに組み込むのが上手だ。

安心できる世界と怪しい世界で学んだものを融合するところに、まったく新しいマーケット＝儲かる世界が広がっている場合があるからだ。

【怪しいところに道がある】

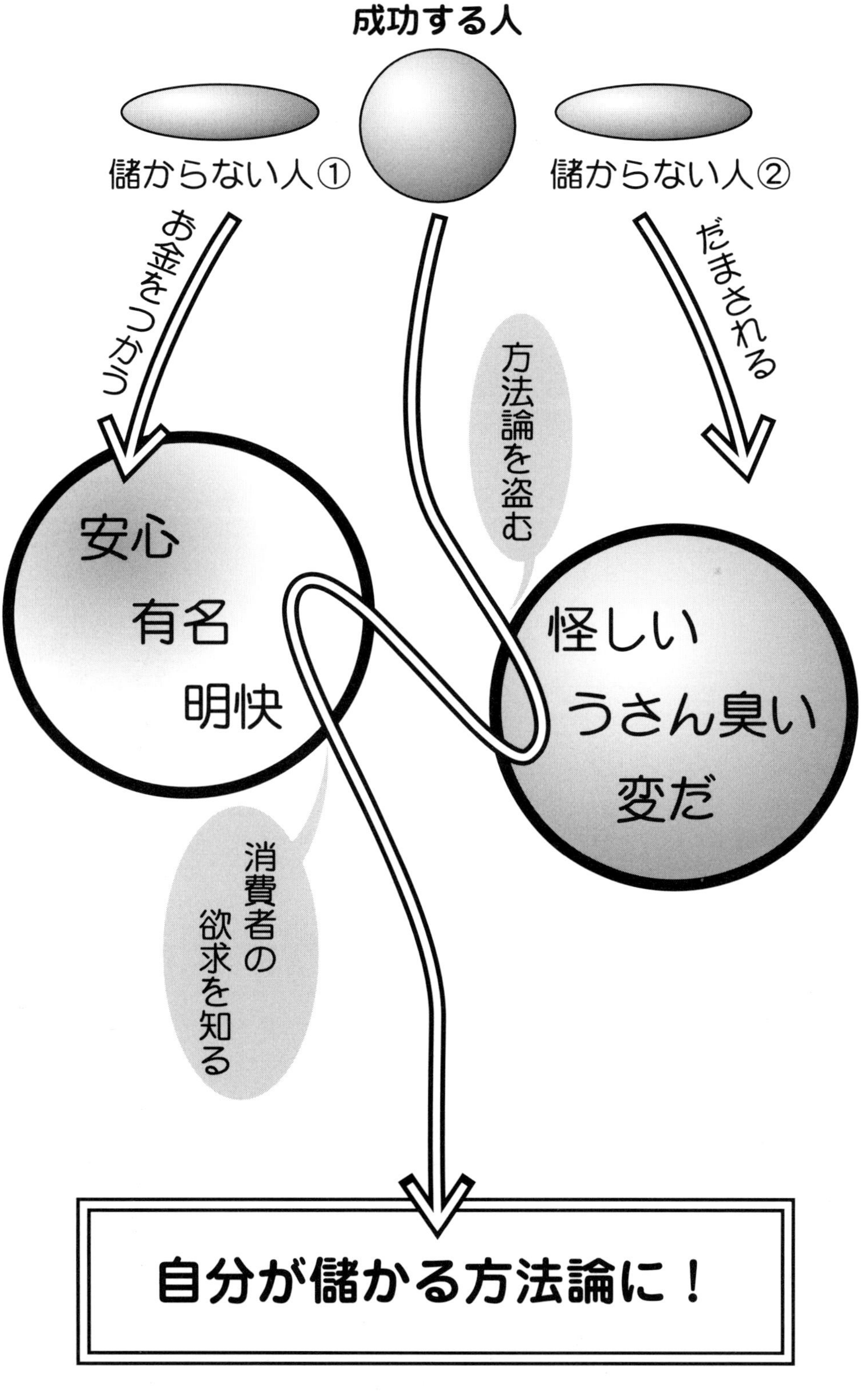
成功する人
儲からない人①
儲からない人②
お金をつかう
だまされる
方法論を盗む
安心
有名
明快
怪しい
うさん臭い
変だ
消費者の欲求を知る
自分が儲かる方法論に！

人に教えられるスキルと知識を持っているか？

――成功者になる資格はこの第四段階目にある

目指すは専門家のスキル＝「人に教えられる」段階

　漠然とした質問をブレークダウンするのに「スキルと知識」が必要であると28ページで指摘したが、どんなビジネスにせよ、儲けて成功するためには、その事業に適した技能なり、知識が必要だ。しかし、問題はその「スキルと知識」の中身だ。

　これには、4つの段階があることをまず覚えていただきたい。4つの段階というのは以下のとおり。

・第一段階……単にその存在を知っているだけ。存在は知っていても内容や背景を知らない段階だ。

・第二段階……なじみがある段階。スノボーはどうやれば上手に滑れるのか、いかにも知っているように話すことができる状態だ。でも、本当に上手に滑れるわけではない。そんな段階だ。

・第三段階……“知識”としては完璧にあり、実際にやってみて楽しんでいる。もしくは実践している。スノボーなら、ゲレンデに立って実際に滑っている状態だ。趣味にしている段階とも言える。

・第四段階……専門家としてのスキルを持っている。知識も単なる知識として持っているのではなく、そこから新しいアイデアやビジネスを生み出せるものを持っている。スノボーもインストラクターの段階になる。人に教えられる段階だ。

　むろん、成功するためには第四段階にまで上り詰めなければいけない。人に教えられるスキルと知識を持って、初めて成功者になる資格ができたと考えても良い。

　経験がある人は分かると思うが、自分ができることと人に教えられることとは違う。人に教えるためには、相手に技術や知識を情報として伝えるだけでは不十分だ。相手の特性を見抜いて、その特性を伸ばしてやれるテクニックなども求められるからだ。

　第三段階と第四段階の格差が激しいということだ。言い換えれば、第四段階まで上り詰められる人はそう多くはいない。

「自己成長ノウハウ」とは、スキルアップのできる人

　成功できない人、儲からない人は、こうした自分のスキルと知識の段階を誤って判断してしまうことが多い。なじみがある（第二段階）程度で何千万も借金してビジネスをはじめてしまったり、実際にやってみて知っている（第三段階）程度で、もう第四段階にいると思い込んでしまうケースだ。

　成功する人に共通なのは「自己成長ノウハウ」を持っていることだ。

　自己成長できるノウハウとは、世の中にこんなものがある、という存在を知ったら、その商品を買うとか、本を買って勉強してスキルと知識をアップさせていくことができる人だ。その上で、第四段階がどんなものであるかを理解している必要がある。

　たとえば会社経営にしても、第四段階というのは、財務、人材マネージメント、その企業のイメージング、システム化、マーケティング、ロジスティックなどなど、多岐に渡る知識が必要になる。法律の知識から商品提供の手段など、ありとあらゆる知識が必要だ。

　自分が確実に第四段階に来ているかどうかを正しく認識できることが不可欠だ。

【あなたの“知識”はどの段階？】

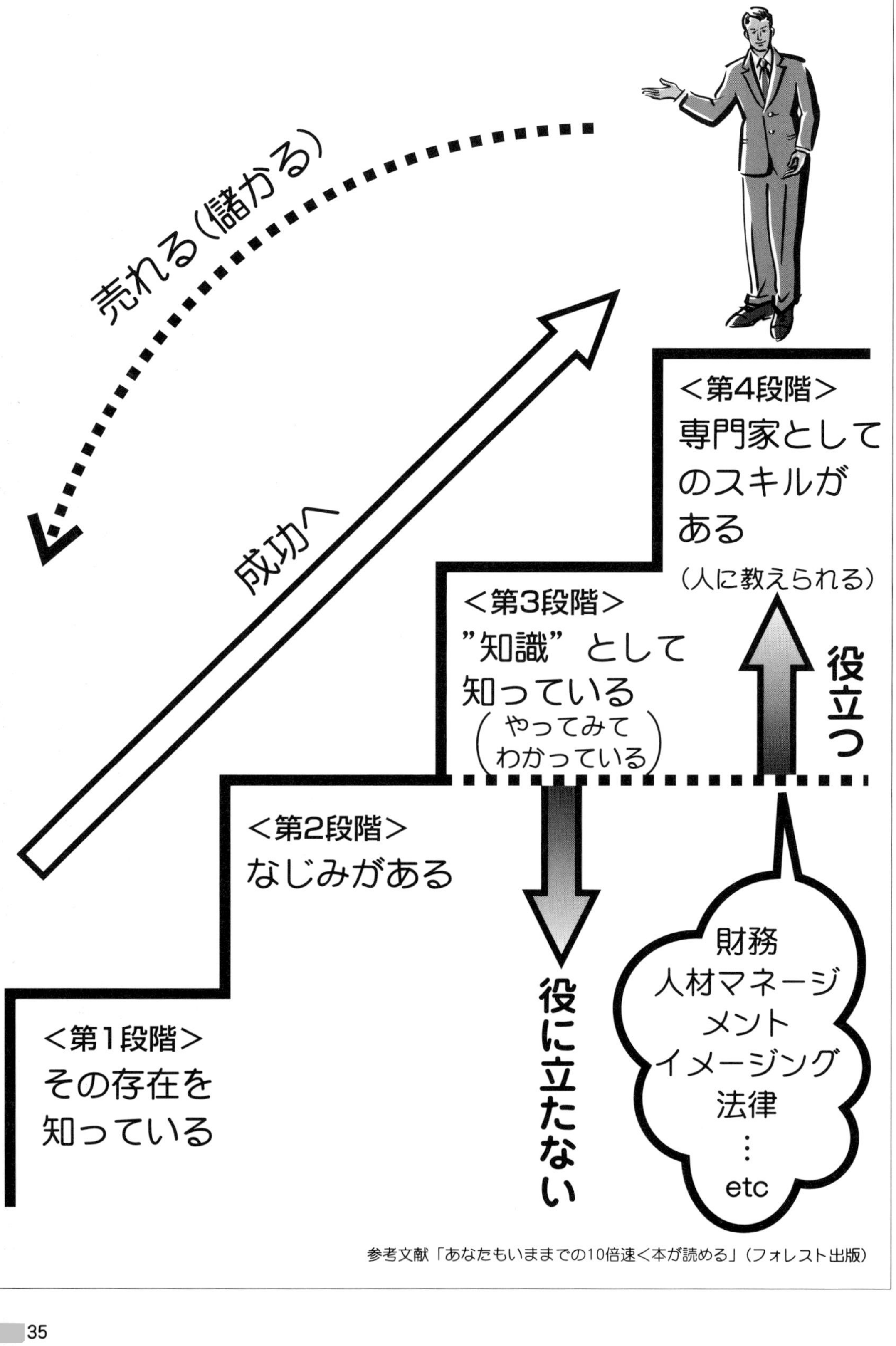
売れる（儲かる）
成功へ
＜第4段階＞
専門家としてのスキルがある
（人に教えられる）
＜第3段階＞
”知識”として知っている
（やってみてわかっている）
＜第2段階＞
なじみがある
＜第1段階＞
その存在を知っている
役立つ
役に立たない
財務
人材マネージメント
イメージング
法律
…
etc

参考文献「あなたもいままでの10倍速く本が読める」（フォレスト出版）

「商品を売る」ための"知識"とは?

——売れる商品を絞り込めば、思わぬビジネスチャンスが!

■顧客のニーズやウォンツを満たしている商品なのか?

特殊な企業を除けば、商品やサービスを売るための努力を日夜必死で続けているのが現実だ。しかし、実際には売れる商品と、どうあがいても売れない商品がある。

ここでは、そんな商品の売り方について考えてみたい。まず、知っておきたいことは、売るための商品についての知識だ。その商品がどんな位置づけにあって、消費者のどんなニーズやウォンツに応えているのか。

顧客にとって、分かりやすい商品なのか。またライバル商品と比べて、どんな点が優れていて、どんな部分が劣っているのか。売らなければならない商品を徹底的に分析してみることが大切だ。

そこで、見ていただきたいのが左ページの図表①。商品のニーズとウォンツの関係をチェックするチャート図だ。ニーズとウォンツの関係を最もよく示す商品として、たとえば主食の「米」と高級時計ブランドの「ロレックス」を比較してみよう。

こだわりの米ではなく、一般の米ならば必要性だけで売れる。米に対するウォンツ=欲求がまったくないわけではないが、必要性だけで十分売れる商品だ。

一方のロレックスは、必要性はほとんどない。ウォンツだけで売れる商品だ。メルセデスベンツのクルマもそうだが、必要性はないけど欲しい。

商品を考えるときに、このニーズとウォンツのバランスを取ることが大切だ。米やロレックスは、いわば極端なケースであって、通常はグレーの部分の中に入っている商品であれば、売れると考えて良い。必要性も低くウォンツも低い。そんな商品は売れないのだ。

■顧客が直感で判断できる商品かどうか

商品を知るキーワードは他にもある。たとえば「理解度」だ。その商品が、顧客にどの程度受け入れられているのか、どの程度理解されているのか。商品コンセプトが消費者に受け入れられているのかどうかも重要な判断材料だ。

左図②を見てほしい。「直感的に理解できるかどうか」と「使いこなせる自信があるかどうか」を相互的に判断することで、その商品の理解度をはかる図だ。

たとえば、「クルマの板金修理」のサービス店があった場合、顧客はどの程度理解できるのか。おそらく、女性で理解できる人は数%しかいないのではないか。どんなサービスなのか、理解どころか想像もできないという女性が多いはずだ。

そうなると、そのサービスを使いこなせる自信は、ほとんど期待できない。これも、ニーズとウォンツ同様にグレーの部分に入っていないと売れない。どちらもポイントが高くないと、売れ筋にはなりにくい。そして理解しがたく、使いこなせない商品を売るのは難しいということだ。

もっとも、クルマの板金修理もそのネーミングを「カーコンビニクラブ」と改名しただけで事情は変わってくる。それだけで、直感的な理解度も上がり、使いこなせる自信も上昇するはず。他の板金工場と比較して考えれば、最初に訪れてくれる確率は高いに決まっている。

理解度が上昇したことで、内容

【その商品は本当に儲かる？】

①商品　どうすれば必要と欲求がおこるのか把握する

ニーズもウォンツもなければ反応は得られない。
顧客のニーズとウォンツを位置付けてみよう。

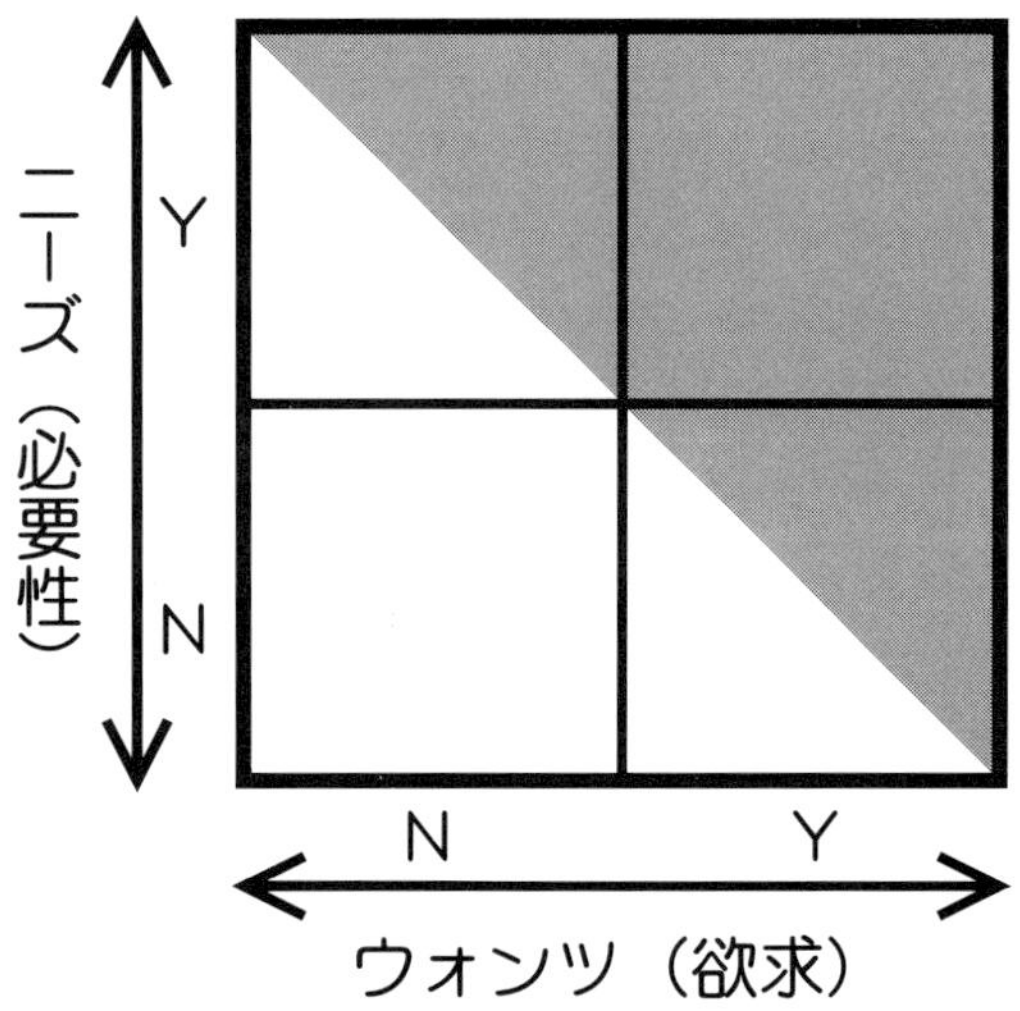

ニーズ（必要性）
Y
N
N
Y
ウォンツ（欲求）

②商品　顧客は商品を直感で理解できるか判断する

商品コンセプトが伝わらなくては、反応は伝わらない。
顧客に対する、商品コンセプトの伝達力を位置付けてみよう。

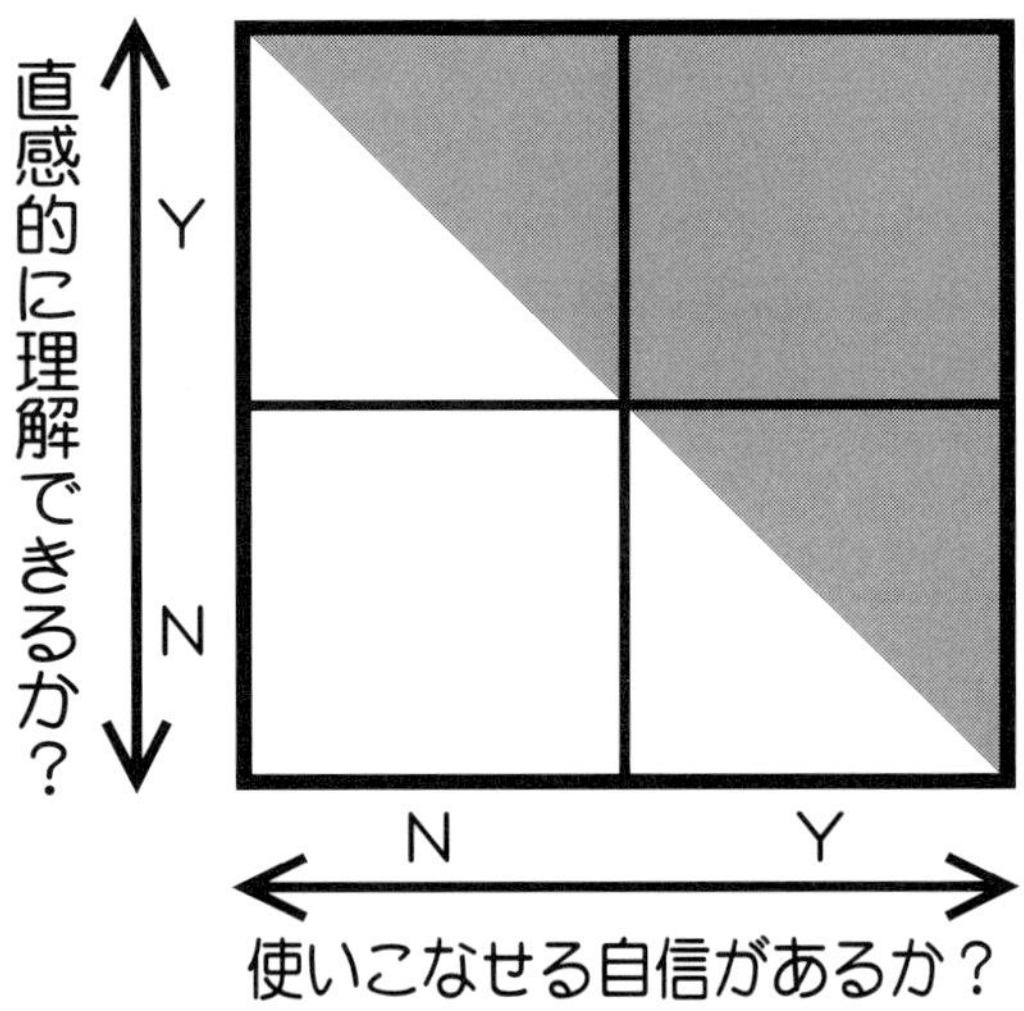

直感的に理解できるか？
Y
N
N
Y
使いこなせる自信があるか？

③ライバル　競合に対する品質優位性を明確化する

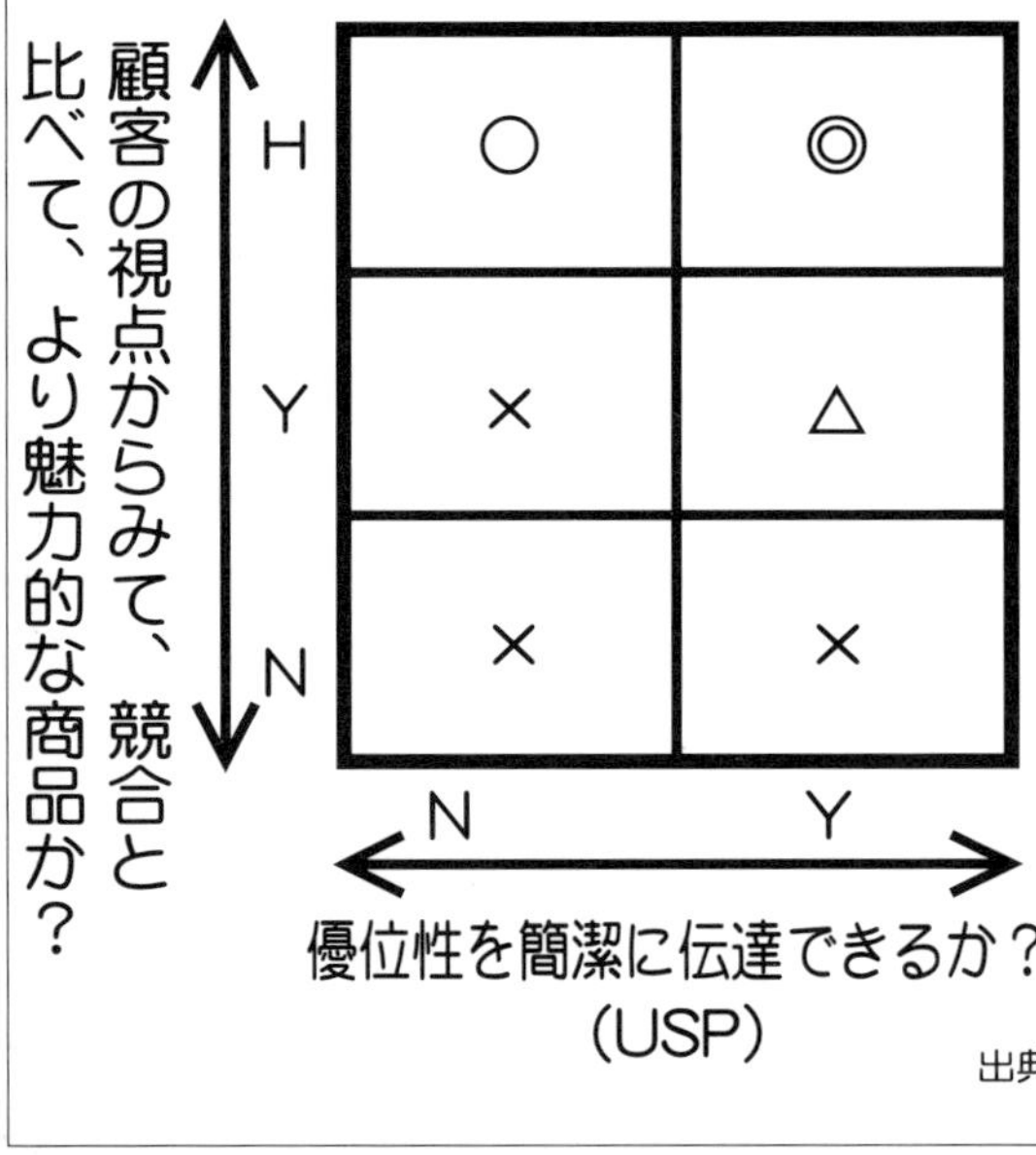

顧客の視点からみて、競合と比べて、より魅力的な商品か？
H
Y
N
○
◎
×
△
×
×
N
Y
優位性を簡潔に伝達できるか？
（USP）

④ライバル　競合に対する価格優位性を明確化する

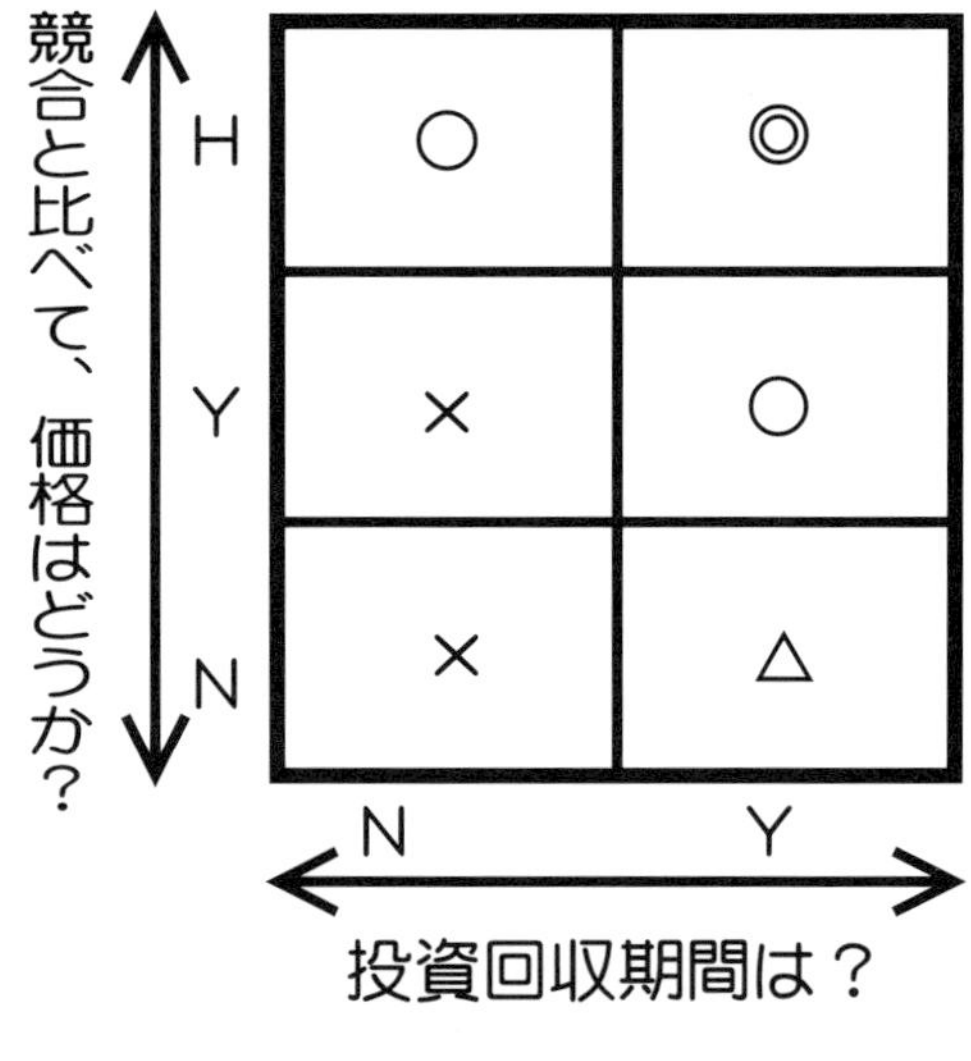

競合と比べて、価格はどうか？
H
Y
N
○
◎
×
○
×
△
N
Y
投資回収期間は？

出典「60分間・企業ダントツ化プロジェクト」（ダイヤモンド社）

は同じでも「売れる商品」になるということ。

ライバル商品との「品質」と「価格」の差を見る

また、「ライバル」に対する分析もきちんとしなければならない。たとえば「品質優位性」と「価格優位性」については、常にチェックしておく必要があるはずだ。

品質優位性では、「顧客の視点から見てより魅力的な商品かどうか」を明確にしなければならないのは言うまでもない。さらに、その商品優位性を簡潔に伝達できるかどうかも重要だ。

この2つの関係をチャート化したのが図表③だ。その商品がきちんと「◎」の位置にあるかどうかを確認することが重要になってくる。「×」の位置にある商品は、品質優位性という面で売るのは当然難しくなってくる。

価格優位性の面でも「競合商品と比べて価格は低いのか、高いのか」だけで判断するのではなく、「投資回収期間」が長いか、短いかといった要素もあわせて判断する必要がある。図表④は、価格と投資期間の相関関係をチェックしたものだが、やはりその商品が「◎」の部分にきているかどうかを確認する。これは必須。

普通の石鹸より犬専用の石鹸が売れる?

商品に関する情報や知識を完全にマスターして、ニーズやウォンツ、理解度、商品性といった部分を改善したとしよう。ここで注意したいのが、どんなに商品が素晴らしいものになったとして、売れない場合があるということ。「売り方」にも、正しいノウハウがあることを認識しておく必要があるということだ。

最も分かりやすい例で説明すると、それは「インチキ商品」だ。インチキ商品だから、ニーズやウォンツを満たしているわけでもなく、商品に対する理解度も関係ない。つまり商品性などまったくない状態で販売しているわけだ。

言い換えれば、販売方法のテクニックだけで商売しているに近い商品ということになる。たとえば「大金持ちになれる石」といった商品。インチキというよりも「信じるものは救われる」という世界の商品だ。

見方を変えれば、通信販売もある意味で売り方のノウハウだけで成立している部分がある。一切商品に触らせもしないで買わせてしまうわけだから、これは学ぶべきノウハウが詰まっている世界と考えて良いだろう。

ここで石鹸を例に考えてみよう。「ごく当たり前の石鹸を売りたいけどどうすればいいでしょうか」という質問された場合、普通は「やめなさい」と答えるしかない。これだけ石鹸が店頭に溢れている時代に、普通の石鹸が売れるとはとても思えない。誰だって直感的にそう思うはず。

ところが、ちょっと視点を変えて「犬の専用石鹸」、あるいは「25歳以上の乾燥肌の人にターゲットを絞った石鹸」という言い方をすると、なぜかとたんに「売れそうな」気がしてしまう。なぜ、そう思えるのかといえば対象者を絞り込んだから。

それをチャート化したのが左の図表だ。**対象者を絞り込むことによって、深い悩みを抱えている人に対して、その悩みを解消してくれる商品を提供する。これが「売り方」の基本だと考えてほしい。**

「25歳以上で、乾燥肌なのにニキビで苦しんでいる女性」といえば、実際に悩みは深いはずだ。その悩みに対して、ストレートに答えてくれる商品と来れば、つい手が出るのは当然だろう。

また、25歳以上と限定することで、逆に女子高校生など25歳未満の女性も注目する。さらに、40代、50代の女性も販売のターゲットになってくる。要するに、乾燥肌なのにニキビで苦しんでいる人は、多くないから、マーケットは小さい。しかし、悩みは深い。このすき間こそがビジネスになるわけだ。

ギャップと現実というカテゴリーでも、ビジネスチャンスが待っている。顧客の現状に対する不満が大きく、そのギャップが大きければ大きいほど商品は売れる。

癌の特効食品などはその典型的な商品だ。癌になってしまった人にとって、現実への不満は非常に大きい。そこにもしかしたら癌が治るかもしれないというギャップの大きな商品を提供する。買いたくなるのは当然だろう。

【売れる商品を絞り込め！】

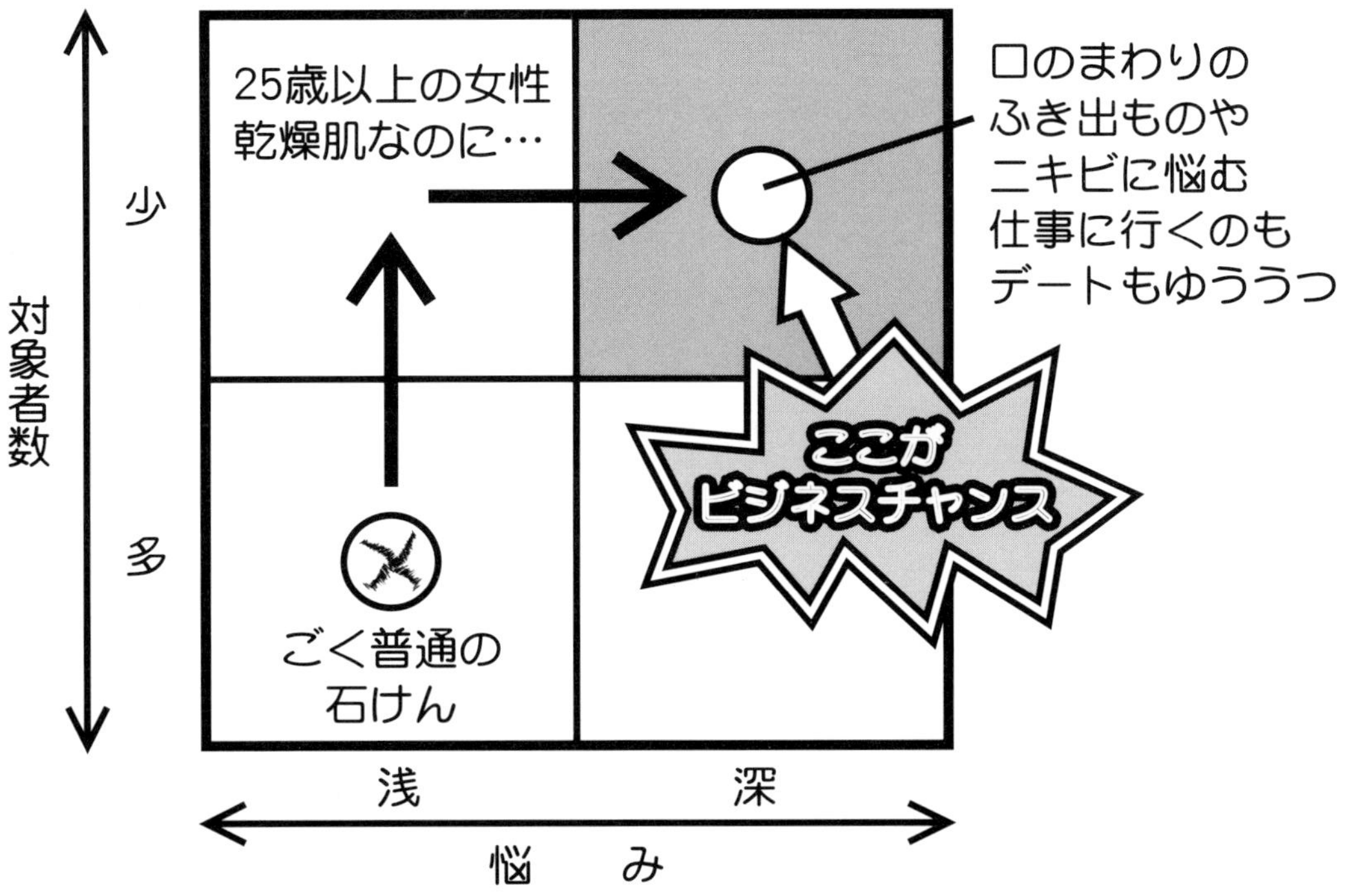

対象者数
少
多
25歳以上の女性
乾燥肌なのに…
口のまわりの
ふき出ものや
ニキビに悩む
仕事に行くのも
デートもゆううつ
ここが
ビジネスチャンス
ごく普通の
石けん
浅
深
悩み

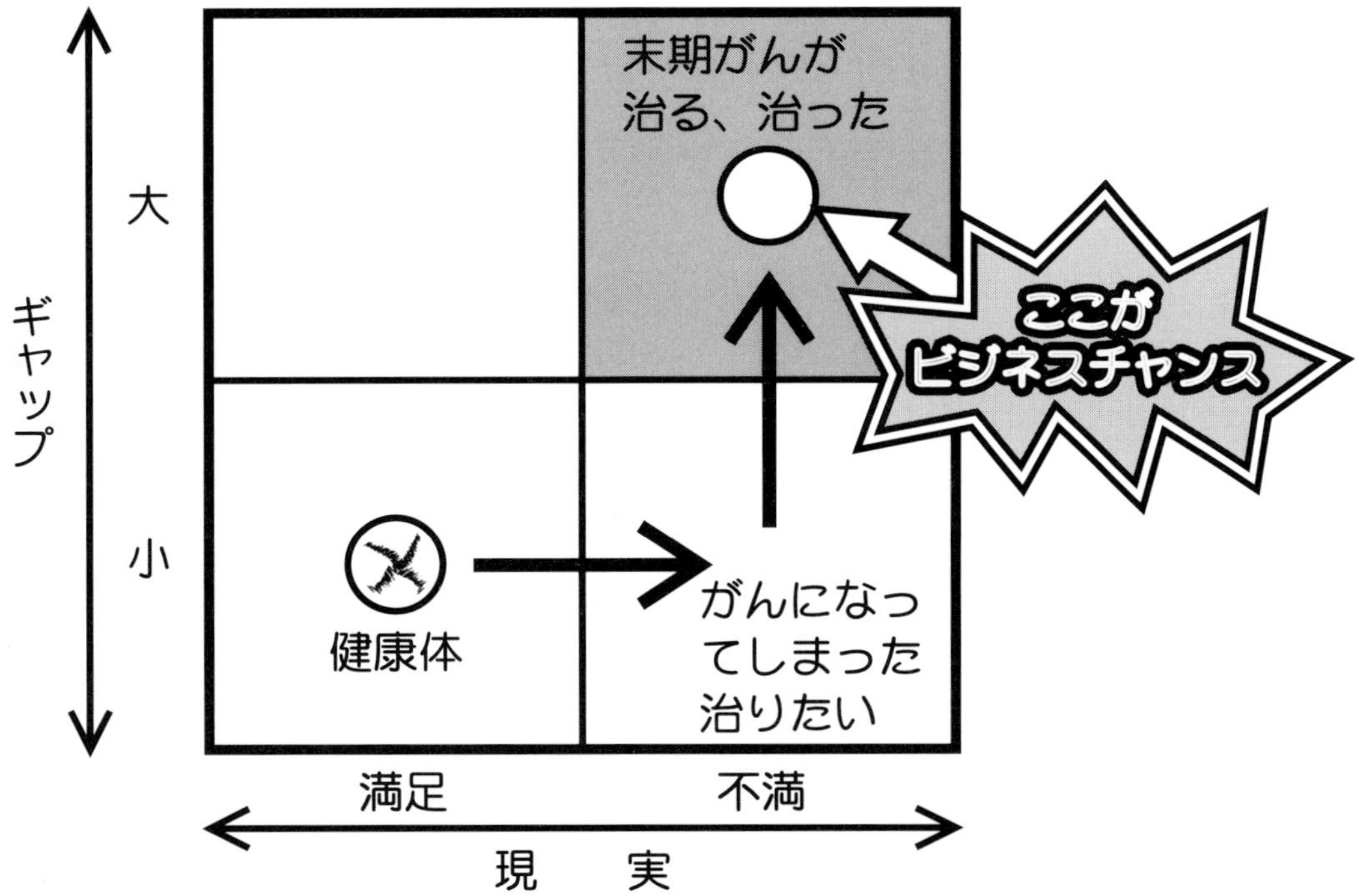

ギャップ
大
小
末期がんが
治る、治った
ここが
ビジネスチャンス
健康体
がんになっ
てしまった
治りたい
満足
不満
現実

「必要な情報」だけがかかるアンテナ！
――自分の目標をブラさないための確認作業を！

「これはいける」と思う瞬間

成功できる人というのは、ものすごく敏感なアンテナを持っている。その高感度なアンテナが、次々と新しいビジネスを立ち上げるヒントになるわけだ。

七つも、八つも創業して成功している社長がいる。その社長の成功談を聞いていると、なるほど、と感心させられることが多い。

たとえば、その社長は学習塾も経営しているのだが、学習塾と一緒に家庭教師の派遣事業もやっている。以前その家庭教師の先生から連絡用のＰＨＳが欲しいという申し出があった。実際に、ＰＨＳを配布してみると、確かに便利であることが分かる。

すると、その社長は大きな資本を投じてＰＨＳ事業を立ち上げてしまった。普通なら、ＰＨＳを家庭教師に配布して、喜ばれて、それで話は終わりになる。

成功する人は、そこから事業を起こしてしまうところが違う。「これはいける」と思う瞬間が「気づき」というわけだ。

ただ、ここで疑問に思う人もいるのでは？　日々、受信する膨大な量の情報をどうやって取捨選択するか。

結論から言えば、成功する人というのは「必要な情報だけ、要領よく入ってくるアンテナ」を持っている。では、そんなアンテナを持つにはどうすればいいのか。「目標のぶれない」アンテナにすることにつきる。

「アファメーションシート」を使え！

「目標をぶらさない」とは、言い方を換えれば「自分をぶらさない」ことといってもいいだろう。そのために左の図のような「アファメーションシート」を使う方法がある。

アファメーションというのは、本来は「自分を肯定する言葉をくりかえして言う」ことだが、自己確認と思ってもいい。

アファメーションシートの場合、大切なことは、すべてをお金に換算して判断すること。事業でヒントを得たら「このヒントは２００万円」という具合。実はお金に換算するということは、実感を持ってより深く自分の心にそのヒントを刻み込むことになるのだ。金額でアイデアを考えない場合は、悲しいことに人間はすぐに忘れてしまう。だから、**自分で得たヒントや知識、目標を、とりあえず金額換算すること**。必ずこれをやってほしい。

そしてこれを毎日目で見てチェックしたいものだ。それは毎日眺めることで、より深く自分の潜在意識に刻み込まれるし、そこまではいかなくても自分の目標を毎日目で見て意識できるからである。一般的によくあるのは「トイレのドアに貼る」ということである。そうすると一日一回はそれを見るという算段である。

ある成功者がやっているちょっと変わった方法がある。それは「財布に入れて持ち歩く」ということ。だいたい財布は一日一回は目にする。財布の中で必ず目に留まるところ、お金を払うときに開くところなんかに、このシートをクリップで止めておく。そうすると、お金を支払うたびに目にするので、余計に心に深く刻み込まれるんだよ、という裏話をしてくれた。この方法は結構いけるかもしれない。

【目標をブラさない方法】

アファメーションシート

ここで得た情報、知識、ノウハウ、それから派生する知恵があなた自身に一生涯もたらす利益とは・・・？

学びや気づき、事業のヒント、人生のヒント、あらかじめ防げた損失など	その価格は？
	円
	円
	円
	円
	円
	計　円

ここに書き込むべき金額を「いくらにしていいかわからない」という人は、まだ起業してはいけない。自分のアイデアや情報の価値を正しく認識できていなければ、経営はうまくいかない。

アファメーションメール（特許出願中）

毎朝自分のメールボックスに、自分の目標、理想などを再確認するメッセージを送ってみると・・・？

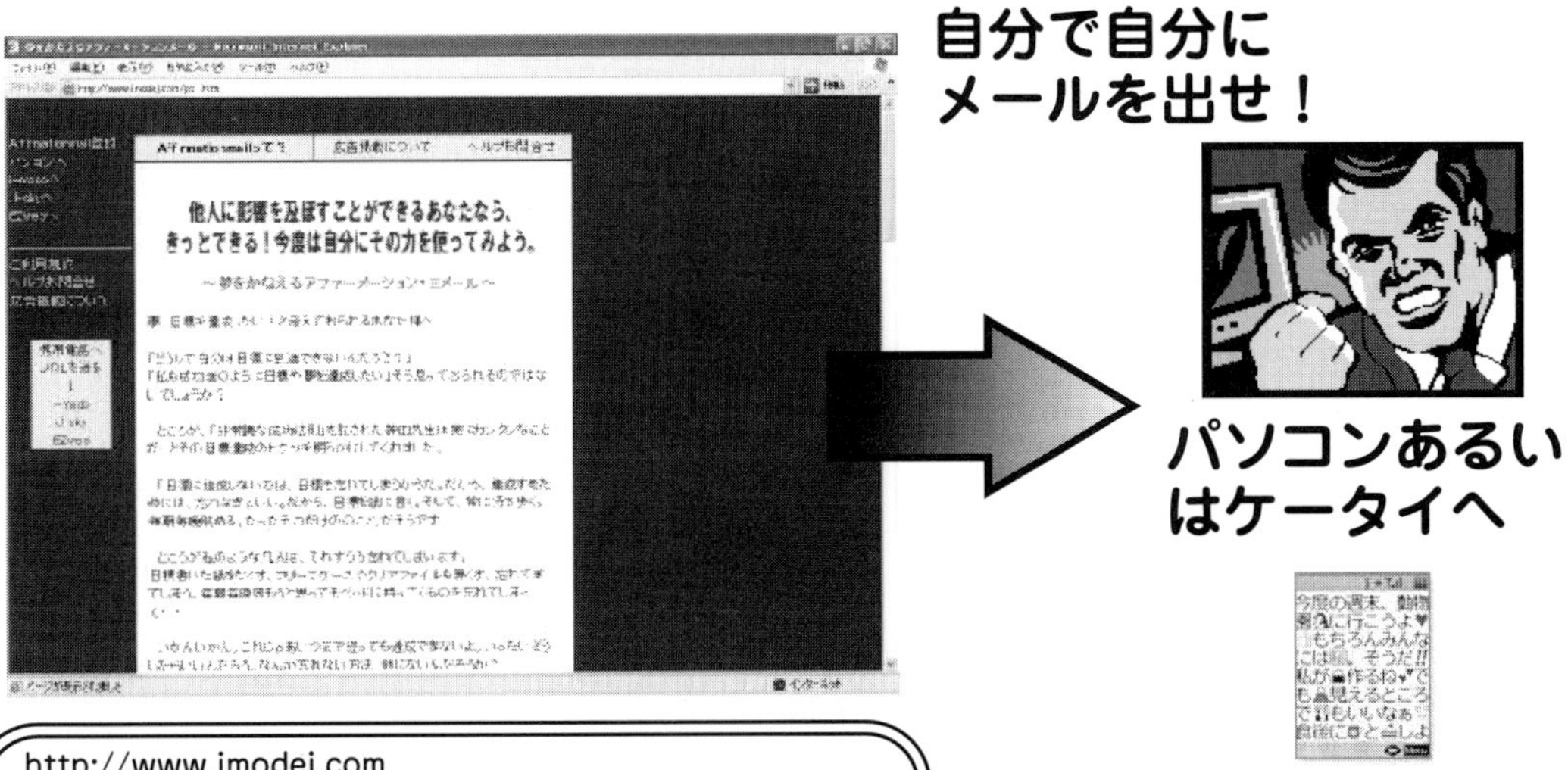
他人に影響を及ぼすことができるあなたなら、
きっとできる！今度は自分にその力を使ってみよう。
自分で自分にメールを出せ！
パソコンあるいはケータイへ

http://www.imodej.com
毎朝自分のメールボックスに届くようにしておくと、たえず自分の目標をブラさないための確認作業ができる。

成功者に共通する7つのステップ
——「安・探・型・守・破・離＋双」で成功する！

成功までの7つのステップとは？

どんな成功にもステップがある。一つひとつ順番にクリアしていくと、最終段階で成功できるというステップだ。

図表を見ていただくと分かりやすいが、まずは「安」。安心、リラックスしてアンテナを立てて待つこと。アンテナを張っていると、様々な情報が集まってきて、自分に必要な情報がどんどん溜まっていく。ここで大切なのは、リラックスしないといい情報に気づけないということ。ガチガチに力を入れていると、かえってつまらない情報にふり回されることになる。

その次のステップが「探」。探すということになる。アンテナを張って探すわけだが、本当に必要な情報を探さなければいけない。

次はその成功例を徹底的に真似ることだ。これが「型」になるというのが横浜国立大学の堀之内教授の理論。どんなこともまずは真似ることからはじまるという意味だ。

かつて、日本の工業製品もすべては「真似る」ところからスタートした。現在は真似される立場になったが、かつては米国から製品を買ってきて分解して解析コピーする。これを「リバースエンジニアリング」と呼ぶのだが、松下も、ソニーも電機メーカーはどこも同じことをやって来たらしい。

“シュハリ”によってオリジナリティを出せ！

さて、真似する対象がわかったとして次。「守」は、繰り返し同じものをつくってみること。あるいは、同じことを何度も何度も繰り返しやってみることだ。このステップを踏むことでそのスキルが確実に自分のものとなる。

「破」は、同じことを何度も繰り返しできるようになったら、少しずつオリジナリティを出していくこと。まさに本来のものを“破壊”していくことなのかもしれない。

少しずつオリジナリティを出すことができるようになったら、次は自分のもの、独自のものを創造できるようになってくる。これが「離」である。この段階で、たとえば松下独自、ソニー独自の商品が生み出されていくわけだ。松下はずっとソニーの後をついていきたと言われている。ソニーは、「世の中にない物をつくる」という理念のもと、常に一歩先に進んでオリジナリティを出し続けてきた。そして松下はソニーの商品をヒントに「守破離」を実践していった。

ここまでで成功のステップの6つまで見てきた。だが最後に最も重要なのが残されている。それが「双」である。これは6つの全過程において関わってくる。「双」とは、これら6つのステップを一人でやるのではなく、常に二人以上で同じことを行い、互いにやってきた結果を情報交換し検証し、そしてアドバイスしあって互いに切磋琢磨すること。これこそ短期間で成功を導き出す、欠かすことができない大切な要素なのである。

もちろん6つのステップまでを一人でやることも十分に可能だ。だが、それでは独りよがりになってしまう可能性が非常に高く、自分のやっていることの方向性の検証がままならない。結果として成功までに時間とお金がかかってしまうのである。当然のことながら優秀なパートナー選びが重要となるが、それはまた別の機会にしよう。

【成功への７つのステップ】

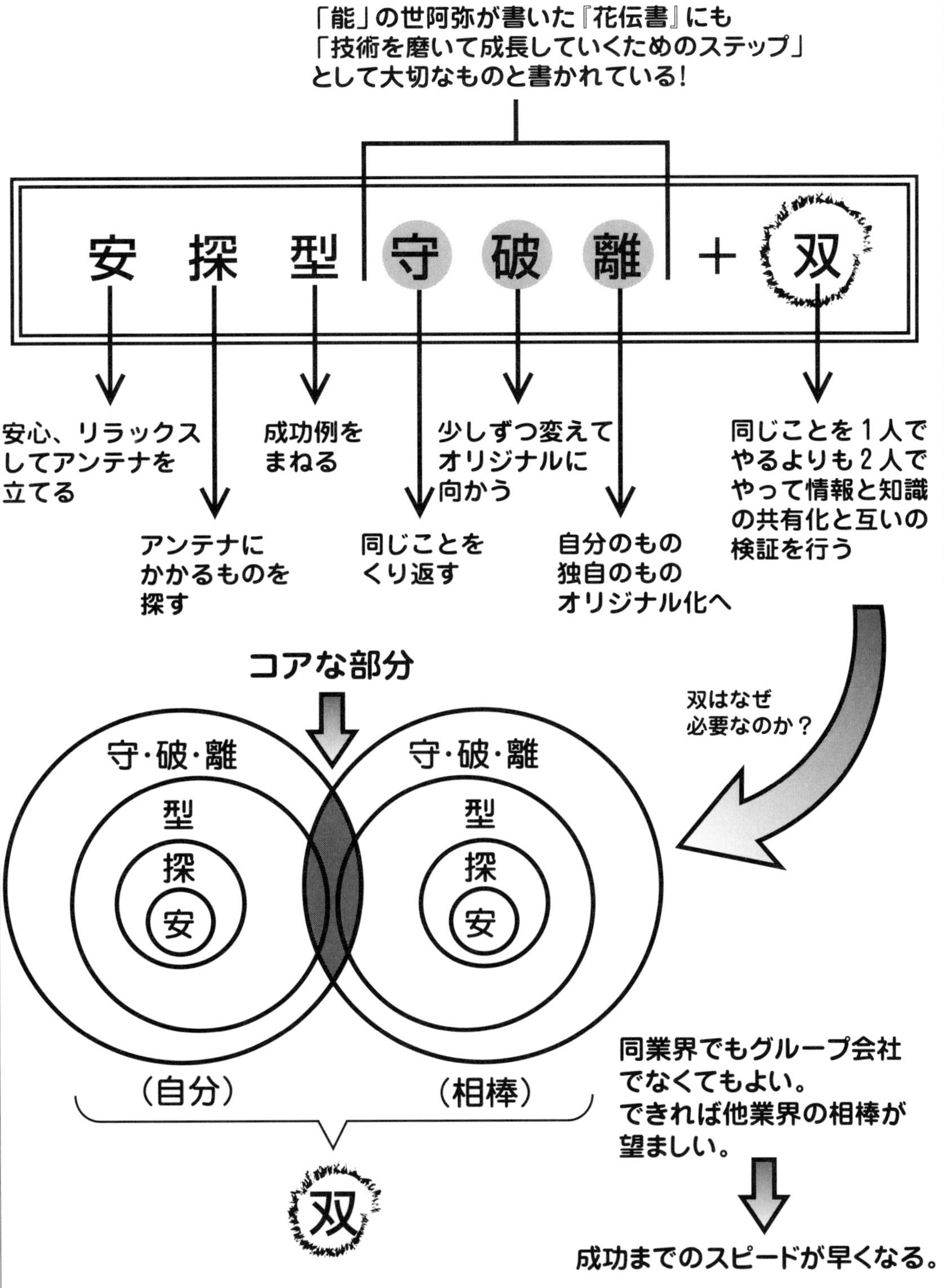
「能」の世阿弥が書いた『花伝書』にも
「技術を磨いて成長していくためのステップ」
として大切なものと書かれている!
安
探
型
守
破
離
＋
双
安心、リラックスしてアンテナを立てる
アンテナにかかるものを探す
成功例をまねる
同じことをくり返す
少しずつ変えてオリジナルに向かう
自分のもの独自のものオリジナル化へ
同じことを１人でやるよりも２人でやって情報と知識の共有化と互いの検証を行う
コアな部分
双はなぜ必要なのか？
守・破・離
型
探
安
守・破・離
型
探
安
（自分）
（相棒）
双
同業界でもグループ会社でなくてもよい。
できれば他業界の相棒が望ましい。
成功までのスピードが早くなる。

儲けるためには、儲けさせてくれる人の存在が必要だ。彼らがあなたにグラッとくるかどうかだ。いくら一生懸命考えた商品やアイデアであっても、いくら高額な広告を打っても、「響かなければ」意味がない。この章では、消費者の心というものを徹底的につかんでみよう!

人間の心の裏にある欲求を読め!

——人の欲求に敏感でなくては成功できない!

人間の本能を否定しては何も見えない

消費者の欲求をどうとらえるか。どんなビジネスでも大切なステップだが、儲けたいと思うなら、人間の本能を否定しないこと。

人間の本能というのは感情であり、儲けたい、幸せになりたい、おいしいものを食べたいといった欲求だ。この本能を否定しないところから、まずスタートしよう。もともと人間の本能とか欲求というのは、時代と共に変化するし、社会常識によって大きくそのとらえ方が違ってくる。

しかし、人間は欲求があるからこそ儲けることができるし、成功もできる。

まず仕掛ける側の本能がある。たとえば、大学の4回生で卒業まであと半年というところで退学する。常識では到底理解できない行動だ。しかし、そのおかげでパソコンの事業をスタートして3年後には年商100億円の企業に成長させてしまう。そんなケースも実際ある。社会常識にとらわれずに、自分の本能を大切にした結果だろう。

人間の欲求には必ず裏側がある

次に消費者側の本能をどうとらえるかである。消費者の本能をつかむには、人間の欲求が何によって動かされているのかを把握すること。

たとえば「希少性は人間を動かす」とよく言われる。テレビショッピングで「限定400」とか「注文殺到」「早い者勝ち」という言葉があると、どうしても人間の心理として買ってしまうところがある。

逆に、東京に住んでいるとなかなか後楽園とか東京タワーに行ったりしない。いつでも行けるから、希少性がないというわけ。

セミナーなどのサービス部門でも、演出としてわざと限定にする場合がある。「少人数で徹底した指導をしたいので、もう締め切ります」と言って、本当に締め切ってしまう。しかし、あとでキャンセルが出たといって再募集する。

ティファニーやブルガリのような超高級ブランド品も似たようなビジネスをする。限られた人のための限定商品という売り方をするわけだ。

もっとも、こうした希少性にはそれを裏づける「真実味」が必要で、たとえば、テレビショッピングの指輪などは、9号とか10号といった汎用性の高いサイズから売り切れになっていく。そこに真実味があるわけだ。

普段は観光客ぐらいしか訪れない北の丸公園も、もし「維持メンテナンスのために来月で封鎖します」ということになれば、みんな一斉に押しかけたりする。維持メンテナンスという部分が信憑性を高めるのだ。

左の図は、「あなたの人生にとって大切なものは」というアンケートをとった答えベスト30を示したものだが、常にその裏側にも欲求があることが分かる。互いの配偶者を大切だと思う気持ちの裏側には、浮気願望やスケベ心がある。経済的な安定を望む裏には、浪費願望があり、ばくち心が存在する。

どんな時代にもセックス産業は盛況だし、宝くじを買う人もなくなることはない。人間の欲求の裏をつかむことが成功への道でもある。売れる商品、儲かる事業はここに隠れている。

【ウラ側の欲求まで読め！】

「人生において最も大切なものは何ですか？」と聞いてみると……

	ベスト30（表の欲求）	見えない本能（裏の欲求）
1	夫または妻	すけべに生きたい
2	経済的な安定	浪費したい
3	健康と体力増進	マゾヒスティック
4	子どもと家族	一人になりたい
5	神・宗教	ちょっとした犯罪
6	達成感	中途半端でいい
7	正直・誠実	だましたい
8	仕事上の満足度	あきらめてもいい
9	人々への愛・奉仕	だまされたい
10	教育	努力したくない
11	自尊心	怒ってほしい
12	責任感	責任をとりたくない
13	リーダーシップ	人に頼りたい
14	心の平安	動揺・激情がほしい
15	自主・独立	烏合の衆でいい
16	知性と知恵	下品にしたい
17	理解力	わからなくていい
18	質の高い生活	低次元の生活
19	幸福・積極的な態度	ひねくれて生きたい
20	楽しみ	飽き飽きしたい
21	自制心	欲求をぶつけたい
22	向上心	落ちてみたい
23	能力	何もしたくない
24	想像力と創造性	凡人でいい
25	許し	厳しくしたい
26	寛大さ	いじわる・嫌みを言いたい
27	平等	差別されたい・したい
28	友情	自分だけでいい
29	美	汚したい
30	勇気	逃げたい

史上最悪のセールストークとは?

——必要なことはホンネを聞き出せる能力

「何をお探しですか?」は最悪のセールストーク

消費者のホンネはなかなか聞き出せないものだ。しかし、消費者のニーズに応えられなければ、ものは売れない。ここにものを売る難しさがある。

そこで、覚えておいてほしいことは「ものを売るまでのプロセスが大切である」ということ。「何をお探しですか」「何が欲しいですか」と普通に聞いてもダメ。相手が何を求めているのかを知るためのセールス・テクニックがいかに重要か知るべきだ。

人間は、交渉ごとになると本音を言えなくなる性質を持っている。本音を言ってしまうと、そこにつけこまれて不利になるんじゃないか、といった防衛本能が働いてしまうのだ。

たとえば、住宅を購入したいが、本当は2500万円しか出せないのに、消費者はなかなかそれを言い出せない。そんな相手に、いきなり「これは良い物件ですよ」と売りに入ってしまう。

洋服もそうだ。本当は、ズボンを探しているのに、たまたまスーツ売場でスーツを手に持ってみたら、すかさず「お目が高い」とか「どんなスーツをお探しですか」と声をかけられる。これも、最初から「売り」に入っているパターンだ。

要するに「どんなものをお探しですか?」ではダメなのだ。では、どうするか?「いまのお住まいに何かご不満でもおありなんですか?」「いま持っているお洋服に何か不都合でもおありなんですか」——そんな具体的な聞き方をするのがベストである。

「不満」を聞くところから相手の本音を聞きだす?

たとえば、車のディーラーがいたとしよう。展示場でその車を見ているお客さんにすかさず声をかける。ここまでは誰もがすることだ。しかし、声のかけ方一つで、その結果は180度違うものになってしまう。

ワゴンを見ているお客さんに、いきなり「ワゴンをお探しですか?」と声をかけるのは、素人営業マンのすること。警戒心をもたれてしまうのがオチだ。顧客のニーズを聞き出さなければいけないのに、本音を語れない環境を自らつくってしまったわけだ。その点、「いま、お持ちの車に何かご不満でもおありなんですか?」という聞き方をすれば、「いやぁ、狭いんだよね」とか「燃費が悪くてねぇ」といった不満が出てくる。こうした不満=本音を全部聞き出せれば、あとは「今度発売されたワゴンに、車内がとっても広い種類があるんです」「リッター15キロ走る車が新発売されました」といった具合に突っ込んでいける。

仮に、「不満はないんだが、古いから買い換えようと思う」という答えが返ってきても「最新の車は以前とこんなところが違いますよ」といった具合に、いろいろ展開できるわけだ。

このワーディングは、様々な場面で使える。アドバイスやコンサルタントを求めている企業へのアプローチでも、我々はまず**「何かお困りのことでもおありなんですか?」というアプローチから入っていくことにしている。**

この最初のひとことによって、まったく違う結果になるのだ。

【消費者のホンネを引き出すには】

うっとーしーなー
いや、別に…
どんな物件をお探しですか？
今の家で何かお困りですか？
そうね…お風呂が…
まあ、とりあえず答えておくか

知らずについ本音を言ってしまう

すでに心を閉ざしている

"儲かる広告"のつくり方
――消費者の「琴線」に触れるテクニック

エモーショナル・マーケティングを学べ

人間の本能を大切にせよ――前に指摘したことだが、問題は本能の実態を知った上で、どうやって生かしていくか。そこで役立つのが「マーケティング」だ。

マーケティングというのは、言うまでもなく様々な種類がある。ワンツーワンマーケティング、パーミッションマーケティング、口コミマーケティングなどなど……、多種多様な方法がある。

資本力の乏しい起業家には、ここで説明する「エモーショナルマーケティング」という手法が有効だ。エモーショナルというのは「情緒的」といった意味だが、簡単に言ってしまえば"感情"に訴えるマーケティング。感情を揺り動かすフレーズやキーワードで、消費者の"琴線"に触れる戦略だ。

そして、もう一つ。エモーショナルマーケティングと共に使いたいのが「レスポンス広告」によるダイレクトマーケティングの手法だ。これについては、56ページで詳細に説明していく。

まずは、理論で説明するより実際に見たほうが分かりやすいだろう。左の広告の実例を見ていただきたい。

上が会社名の「株式会社・◯◯地図専門店」という部分を最も大きくした普通の広告だ。ここに「エモーショナル」の要素を加味してつくり直したのが、下の「まだ、ムダ足を運びますか?」というドキッとするコピーをメインにした広告だ。このコピーで、何か非常に大切なことを言われたと我々は感じる。

要するに、エモーショナル広告とは、人の感情をぐらぐらさせる広告だと考えれば良い。

たとえば、家を買いたいと思っている人に、「いま家は買うな!」という広告を見せれば、ハッとする。「まだ、ムダ足を運びますか?」というコピーも、そういう意味ではドキッとするコピーだ。「なぜ、家を買っちゃいけないの」「ムダ足ってなに?」と、みんなが思うわけだ。

理屈ではない人間共通の部分、感情に訴えるのがエモーショナル広告というわけ。

エモーショナル広告にするだけで効果が違う!

その他、この広告で注目したいのは、周囲を点線で囲んでいることだ。点線で囲むというのは効果が高い。

これは、WEBサイトのバナー広告でも同じことが言えるのだが、実線でなく点線にするだけでエモーショナル効果が高くなる。

さらに、魅力をより効果的に強調し、取引先企業を全部書いてしまうというのもエモーショナル広告の手法である。多くの取引先を書くことで、信用性が高まる。嘘を書いているわけでもないし、自分たちのやっていることを正直に書いただけだが、効果は大きい。

本来、チラシ広告というのは業種によっても異なるが、建築で2万枚配って一人がヒットするぐらいの確率だ。住宅を売るためのチラシ広告をつくって、10万枚配布して5軒売れるという世界だ。

しかし、エモーショナル広告に切り替えた場合の、実際のケースを見てみると、10万枚配って１００件がヒット。住宅なら１００軒売れたことになる。効果は20倍以

【エモーショナル広告で一変！】

建設省国土地理院発行地図特定販売店
国土地理院空中写真（カラー・白黒）取次
通産省地質調査所発行各種地質図取扱店
教材用地図・掛　図・学習用地図
各種地図・制　作 並びに 印　刷
建設省国土地理院発行地図特定販売代理店
地図・山の本・ガイドブックの専門店
地図専門店
地図専門店
全国の1/5万・1/2.5万の地形図は全て在庫しております。

変更後はお客が激増！

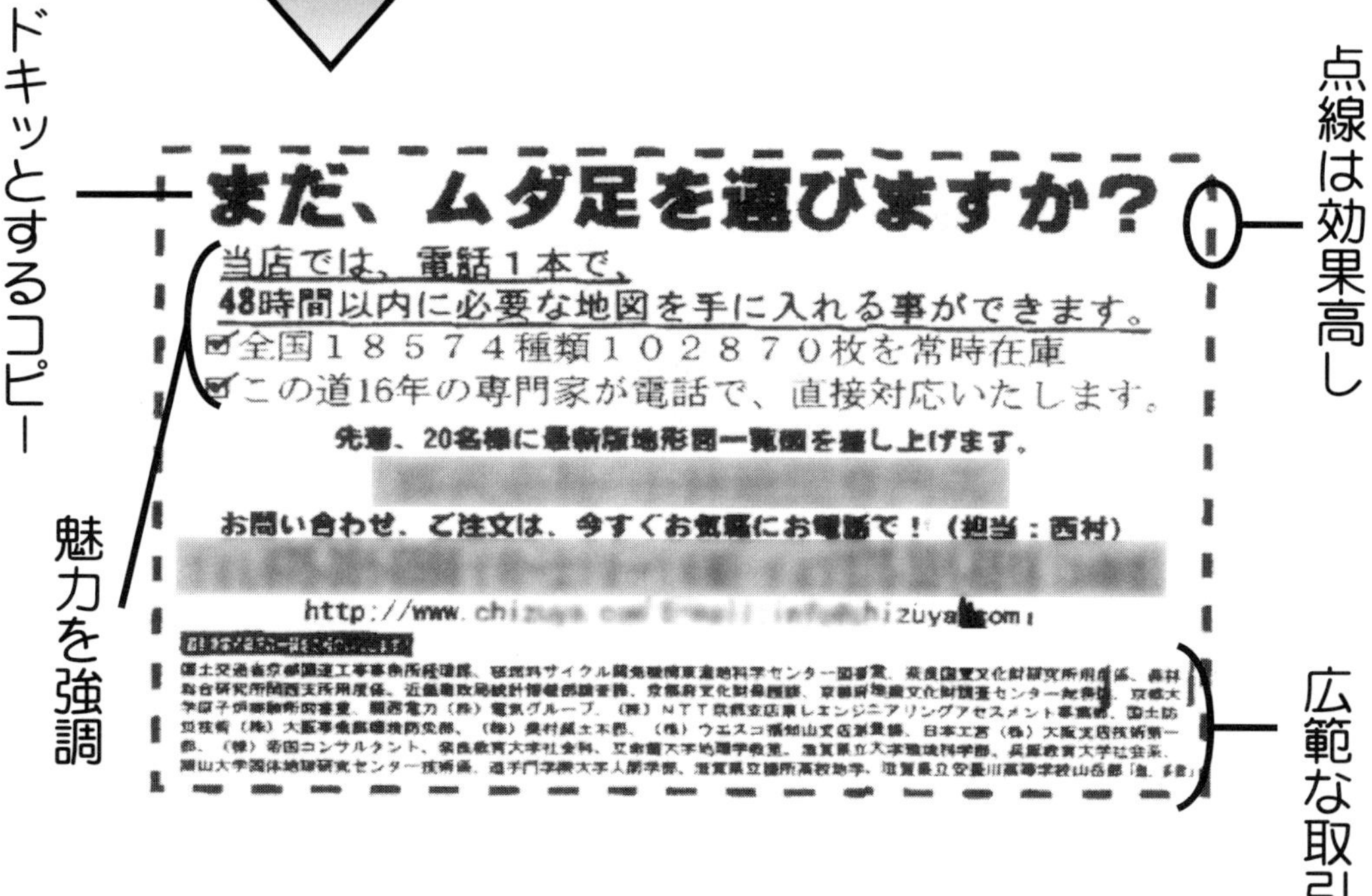
ドキッとするコピー
まだ、ムダ足を運びますか？
当店では、電話１本で、
48時間以内に必要な地図を手に入れる事ができます。
全国１８５７４種類１０２８７０枚を常時在庫
この道16年の専門家が電話で、直接対応いたします。
先着、20名様に最新版地形図一覧図を差し上げます。
お問い合わせ、ご注文は、今すぐお気軽にお電話で！（担当：西村）
http://www.chi
魅力を強調
点線は効果高し
広範な取引

上だ。これが、感情に訴えるエモーショナル効果である。

これを費用対効果という視点で考えてみると、たとえば１０００万円の広告予算を使える企業の場合、従来の広告では１０００万円の広告費用で2億円しか売れない。エモーショナル広告では40億円売れることになる。この違いは歴然としている。

バナー広告を逆さまにするだけでクリック率急上昇？

チラシ広告同様に、インターネットの「バナー広告」も、実はちょっとした工夫で、クリック率が飛躍的に違ってくるノウハウがある。その実例を示したのが、左ページの「さかさまバナー」。

単純に普通のバナー広告を、あえて天地をひっくり返しただけのものだが、これだけでクリックしてくる人間の数が10倍以上になる。クリック率の桁が変わってしまうのだ。

これもエモーショナル広告の一種だが、人間の感情面にダイレクトに訴えた広告と言える。この手法は、実はＷＥＢサイトのバナー広告だけではなく、一般の広告でも同様の効果がある。

ある学習塾が、バスの中に貼るシール広告を意図的に上下反対に貼ってみた。そうしたら、反応が飛躍的にバーンと伸びた。広告の中身はむろん変わっていない。

要するに、**人間はいかにバランスを崩されることに弱いか**、ということ。

本来あるバナー広告が、単に天地がひっくり返って逆さまになっているだけのことで、山のように存在するバナー広告の中から、あえて選択してクリックしてしまう。これは、もう人間の"性"といっていいかもしれない。

バナー広告も点線で囲むとなぜか効果大に！

チラシ広告での効果について指摘したときに、広告の周囲を点線で囲むと、エモーショナル効果を生むと紹介した。これは、実はバナー広告でも同様の効果があることが分かっている。

通常バナー広告のクリック率は０・３％程度しかない。ところが、さかさまにするとその10倍～30倍以上に跳ね上がることがあると述べた。そして、同時に点線つきバナー広告も実に8～10倍ほどのクリック率を獲得したケースがあるのだ。

０・３％といえば、１０００人で3人。これがさかさまにしたり、点線で囲めば、いきなり30人とか27人に増えてしまうわけ。単に広告を打つのではなく、こうしたマーケティングがいかに大切かを物語るデータといっていいだろう。

ところで、なぜ点線で囲むだけで、クリック率がアップするのだろうか。

感情的に何かを訴えられることを意味していることは間違いないのだが、たとえば「割引券」とか「プレゼント券」といった得するイメージのものは、周囲が点線で囲ってあって、そこを切り取るようなスタイルのものが多い。

点線付きバナーを見て、ついクリックしてしまう、注目してしまうのは、結局そんな意識があるためと考えられる。

このように、一見単純そうに見えることの中にある、人間の情緒面を刺激することの大切さを忘れないでほしい。

もちろん、ここで触れた「エモーショナル・マーケティング」以外の手法でも業績をアップさせている会社は数多くある。テレビＣＭや電車の吊広告などありとあらゆるメディアを利用して、大資本で一気に市場へ参入する方法だって成功している。

ある地域エリアを絞り込んで、極端に数多くの看板を建て、認知度をアップさせる方法で軌道に乗せている会社もある。

ただ、予算の乏しいタイプの起業家だと、なかなか使えるものではない。

その点、エモーショナル広告や、後述する広告費用を効果測定できる「レスポンス広告」は、是非頭に入れておいてほしいマーケティング手法だ。

さらに、レスポンス広告に「エモーショナル・マーケティング」の要素を加えると、パフォーマンスを上げられることを知っているのと知らないのとでは、大きな差だ。これからは、新聞や雑誌を見るときに、ぜひ意識的にチェックしてみてほしい。

【ちょっとしたことで10倍の結果に!!】

やっと30万円の儲けが、せいぜいだったのに・・・

パターン 1

さかさまバナーで300万円の儲けに！

クリック率3.0%（ただし効果は 3 日まで）

金持ちWebマスター、貧乏Webマスター
Webで儲ける実践者がライバルには教えたくない
最新テクニック

パターン 2

だまし！バナーで120万円の儲けに！

クリック率1.2%（Yahoo）ライコスでは5%

- 無料！最新マーケティングレポート - インターネットで利益を上げるためのレポートプレゼント
- 莫大な資金や最新技術がなくてもマーケティングで稼ぐには？ - 秘密のノウハウ差し上げます。

パターン 3

点線つきバナーで250万円以上の儲けに！

クリック率2.7%

Click!
Click!
無料！
Dialog Japan
Click!
Click!

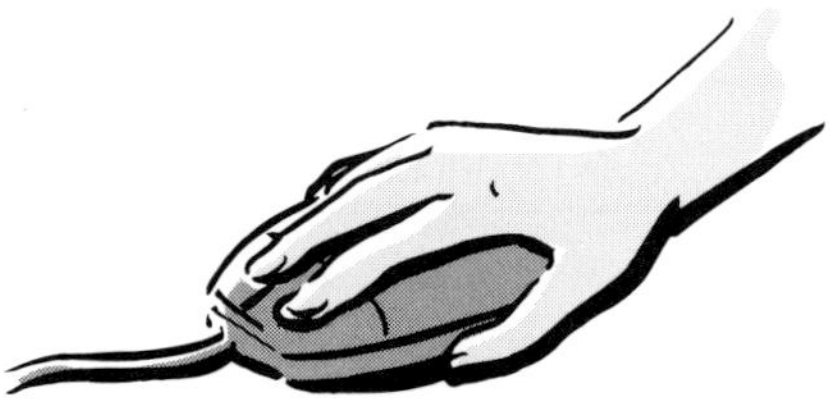

"つい読みたくなる"コピーをどう考える？
――小予算で儲かるホームページをつくるコツ

今後は紙ベースの広告より目を引くＷＥＢが効果的！

前項で、エモーショナル広告の効果がいかに大きいかが分かったと思う。しかし、いくら優れたバナー広告をつくっても、ホームページに訪れてくれた人が、何も買ってくれなければ意味が無い。そこで、忘れてならないのはインターネットの「売れるホームページのつくり方」。これも山のようにあるホームページの中で、いかに目立つように工夫するかで、ビジネスの成否が決まる。

最近は、チラシ広告や新聞、雑誌の広告とは別に、インターネットを活用する企業が大勢を占めてきている。ホームページの出来によっては、莫大な広告効果をもたらす可能性がある。

能力のあるＷＥＢデザイナーに任せることも大切だが、ただ単にきれいなだけで、特徴のないものではダメ。ネットサーフィンをする人に、一目でアピールできるものでないと、たいていは素通りされてしまう。

そこでお勧めするのが、エモーショナルマーケティングの手法を使った「エモーショナルＷＥＢページ」。これも、具体的な例を見ていただくほうが分かりやすいだろう。左ページおよび55ページを見ていただきたいが、大切なポイントは「ダイレクトメール形式」のホームページが効果的であるということだ。

詳しく説明すると、スクロールで最後まで行ける形式の、1枚の長いメール形式のものが良い。

左図の「私は、日本初のスーパーアパ・マン経営コンサルタントです！」といったような、自己紹介が最初にあるものも面白い。

これも、エモーショナルな部分に訴えたものだが、同様に見出しや背景にも、安心感を与えられるようなホームページにすると、その効果が高い。

見出しは赤い太字、リンクは青で安心感を！

ダイレクトメール形式であると同時に必要なのが、見出しや強調したい文字、リンクなどのデザイン上の「安心感」だ。見出しには赤、太字を使って目を引かせよう。強調したいポイントは太字で表示する、リンクは青文字という具合に、ＷＥＢにはＷＥＢで使うべき文脈、万人に共通して使われている「お約束事」というのがあるのだ。これを守る。

クリックする、という行為は、いわば直感的なもの。ホームページを常に見ている人も、初心者の人も、売り手の心を理解してもらった上で注文できる、そういう信頼感のあるホームページにしないと、かえって逆効果になる。

背景色を読みやすいものにするというのも、注文者、ホームページ来訪者のエモーショナルな部分に配慮したものだ。

さらに、ホームページのつくり方で大切なことは、「注文する」というページにスムーズに誘導させること。それに一つ購入してもらったそのときに別の商品も同時に注文させること。タイミングは「今」しかないのだ。たとえば、「興味を引かせたらすぐにクリック」できるようなつくりにすること。クリックポイントがやたら多いサイトをときどき見かけるが、「注文する」ページへ誘導のないものは意味がない。

【エモーショナルWebページのつくり方】

- ●１枚の長いダイレクトメール式のホームページが成功のヒケツ。
- ●**見出し**は赤・太字、**強調する点**は太字、リンクは青。
- ●読みやすい**背景色。**
- ●興味を引かせたなら、すぐにクリック。**クリックポイント**は多少大目でもよい。
- ●**Homeに戻させない**。どのページからもかならずForm（注文ページ）へ。
- ●Homeと書いてあってもトップページへ飛ばさなければならないという規則はない。

出典「ダイアログジャパン発行ニュースレター」

なんで「HOME」に戻させるの？ 注文ページに飛ばさせろ！

「いかに注文ページ（ＦＯＲＭなど）にたどり着かせるか」は大切なポイントだ。そのためには、できるだけ「ＨＯＭＥ」にバックさせない工夫が必要になってくる。

極端な話、「ＨＯＭＥ」と表示されている部分をクリックしても、必ずしもホームに返さなければならないというルールはない。

ＨＯＭＥをクリックしたら、「ＦＯＲＭ（注文ページ）」に飛んでしまうようなつくりを意図的にしてもいいということ。そこまで極端でなくても、どのページからも注文ページにアクセスできるバナーをつけるとか、分かりやすい大きさで、「いつでも注文できます」という部分をアピールするのも良い。

要するに、ＷＥＢのホームページ一つをとっても、「注文させずには帰さないぞ」という目的をもって考えてゆくと、いろんなアイデアが沸いてくる。そして、ほんのちょっとした工夫でその効果が大きく違ってくるということだ。

エモーショナルなコピー文章って ホームページに「効く」のか？

ところで、ＷＥＢサイトだからこそ生かせるエモーショナルな文章というのもある。左ページの実例を見ていただきたいが、「火事で全焼、５０００万円の在庫がパァー」とか「あなたの髪が90日で生える！」といったキャッチコピーも、ＷＥＢサイトでは効果がある。

紙ベースの広告などではドキッとさせるだけのコピーで、キャッチコピーとしての効果はあまり期待できないかもしれない。それは、信頼性に欠けるケースがあるからだ。ところが、これがＷＥＢサイトになると、いわゆるアジテイトされた仰々しいコピーであっても、人々に受け入れられる可能性が高い。

夕刊紙のような大袈裟なコピーとはちょっと異なるが、エモーショナル効果が出やすいのがＷＥＢサイトである。特に誰でもカンタンに参入できる、競争の多いインターネットでは、見出し一つの言葉、ホームページのタイトル一つ、たったそれだけのことで、ダントツ勝利かボロ負け、というケースが出てくるのだ。

一方、安心感を与えて、親身に話しかけていくコピーも良い。また、きわめて具体的に明確な価格表示や親切な内容で語ってゆくホームページでもよいだろう。

こう言うと、どんなものでもいいのか、そう思われるかもしれない。学校の勉強と異なり、ビジネスにはたった一つの答えはない。だからこそ面白いのだが、**「どのように展開すればお客さんに来訪してもらえるか」「どのように語りかけてあげればお客さんのハートに響くのか」**という観点からあなたの思いをお客さんに伝える。これがエモーショナルマーケティングに沿った文章をつくるコツといえる。

顧客第一主義を 履き違えない努力を

エモーショナル広告を打ち出していくときに注意しなければいけないのがクレームだ。ドキッとするようなコピーとか、ダイレクト形式のＷＥＢサイト、あるいはチラシ広告でも、感情ベースで訴えるために、わずかなズレがあるとクレームになる。

こういった顧客心理を把握するのは非常に難しい。たとえば、最近はどの企業も顧客第一主義を打ち出している。しかし、本当の意味の顧客第一主義を持っていない企業は、エモーショナル広告を打ったような場合にクレームになるケースが多い。

たとえば、コンサルタントの場合、顧客第一主義だからといって、クライアントに迎合したり、「社長！」と言ってごまするようなことをすれば、その瞬間にコンサルタントは失格になる。

相手が60歳だろうが、70歳だろうが、コンサルタントには一定の父性の部分が求められる。こちらが20代の若造であっても、父親的な要素を演出しないとコンサルタントはできない。

コンサルタントがチラシ広告を出して、「ご要望があれば、すぐ伺います」なんてことを言わないのも顧客心理を考えてのことだ。

顧客第一主義を履き違えないこと。そしてエモーショナルの意味を間違わないこと。

【つい読みたくなるコピー】

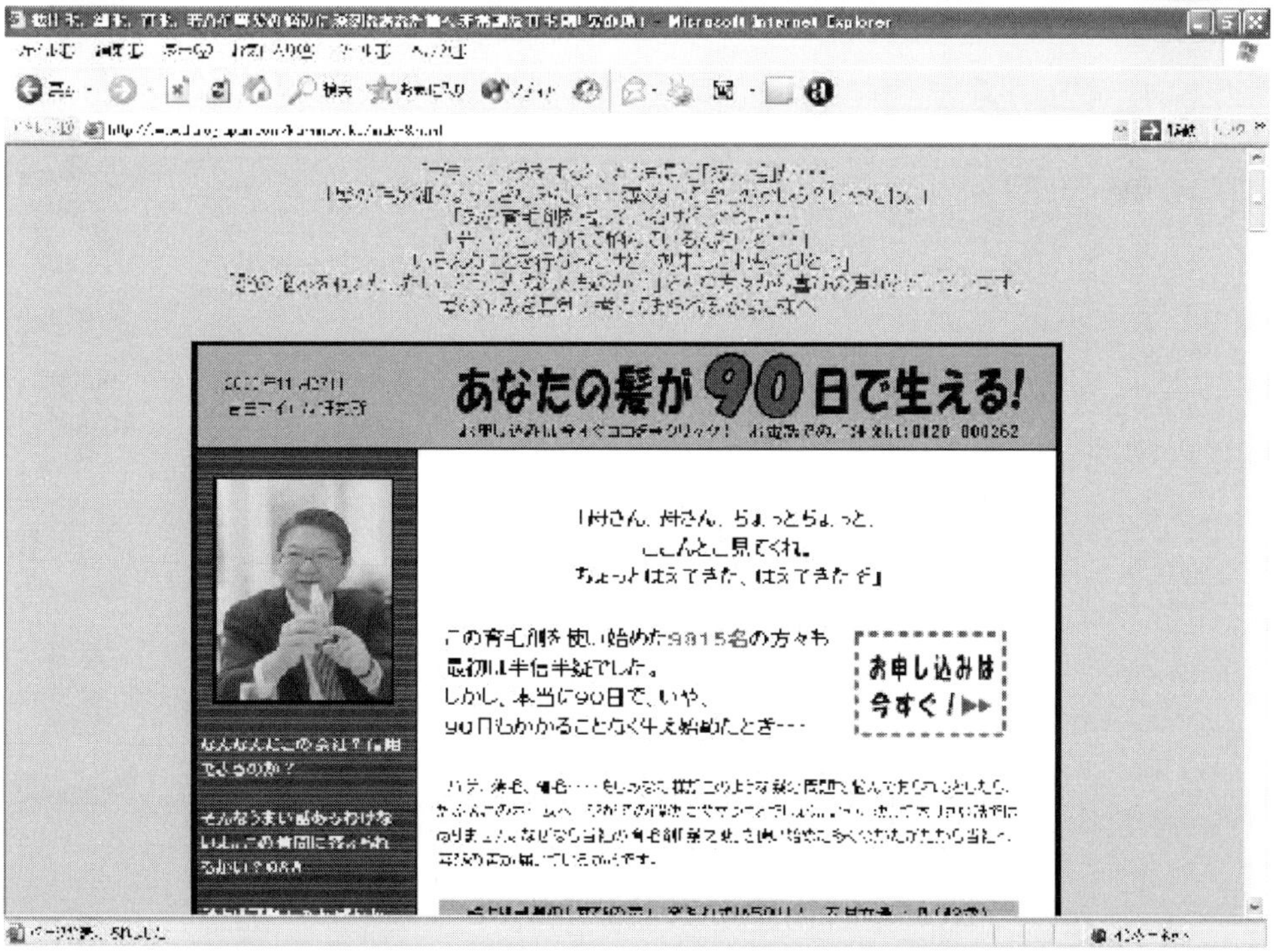

"儲かる広告"のつくり方(その2)

——見込み客を確実にキャッチする方法とは?

契約が一気に倍増の秘密

広告のなかでもエモーショナル広告がいかに効果的か、という話は前項でした。ここではもう一つの効果的な広告である「レスポンス広告」について説明しよう。

なにはともあれ、左の図を見てほしい。これは非常に効果のあったリフォーム会社の「レスポンス広告」の一例だ。この広告がいかに効いたか。普通、住宅リフォーム会社が新聞折込チラシをまくと、７０００枚に1件の割合で電話が鳴る。1枚まくのに印刷費と折込費で5円。すると、1件の電話を獲得するのに３５０００円かかる計算だ。しかも、電話が鳴ったうち、契約までこぎつけるのは50%だから、1件の受注を獲得するには7万円もかかる。

しかしなんとこの広告を出してからは、それが4万円の予算で140件もの電話が鳴る。そのうち契約にこぎつけるのが4件は堅い。つまり、1件の受注を獲得するのに1万円なのである。まさに効果激増と言ってもいい。では、実際に普通の広告と一体どこが違うのだろうか?

レスポンス、つまり応答。この広告はリフォーム会社でありながら、直接のリフォーム注文を取ろうとしているのではない。応答を待っているのだ。誰の応答を? 今リフォームにちょっと関心を持っている人、近い将来リフォーム注文を出してくれるかもしれない見込み客の応答をである。

人間心理を逆手に取れ

自分に引きつけて考えてみよう。もしあなたが自宅の風呂を新しくしてみたいと思う。だけどいきなりリフォーム会社に問い合わせてみたら、上手く相手に吹っ掛けられそうな気がする。風呂だけじゃなくて全部直すことになるんじゃなかろうか。それにまだ、今すぐというほどのこともない。

こんなとき人間は、ちょっと資料だけでももらえるとありがたいと感じる。そこを逆手にとっているのがレスポンス広告というわけだ。資料を欲しがる人なら、まったくリフォームに関心がないわけはない。ならばあとは、小冊子を請求してきた人だけにリフォームに関するチラシを郵送するなどすればよい。**やみくもに配るよりもはるかに効果的**というわけ。

もちろん見込み客だけではなく、余裕のある親切そうな会社だと感じた客から、直接の注文が舞い込んでくることも大いにある。

もし、「ただで配るなんて、小冊子の制作費がもったいない」などとあなたが考えるようでは成功はほど遠い。たとえば、口コミ効果を呼びたいときなどもそうだが、経費は使うところは思い切って使う。ケチではダメ。その代わり、上手に使えば何倍にもなって返ってくることは間違いない。

この広告を例にとれば、24時間留守電対応だから、かけてくるほうも時間を選ばず気がねがない。しかし受けるほうは、人件費など一切かけずに確実に見込み客の情報をゲットできるのである。

ゲットした情報をどう生かしていくかも、すべてあなたのアタマ次第。こうして得たレスポンス広告の貴重な情報をいかに整理していくか、その具体的な技術については次項で話そう。

【レスポンス広告はこうつくる！】

注意！100万円以上の増改築・リフォーム

住宅の増改築やリフォームでは、工事価格に定価というものが無く、統一した基準もありません。チラシや広告に価格表示があっても、実際の内容や品質はさまざまです。

新聞の読者投稿でも、増改築をめぐるトラブルが急増しています。

特に一〇〇万円以上の増改築や外壁・屋根リフォームをはじめ、高額な費用を必要とするリフォーム工事に対しては、より一層の注意が必要となります。

そこで、そうしたトラブルや失敗を未然に防ぐ自己防衛策を、小冊子にして分かりやすくまとめました。一般の書店では売っていません。

このガイドブックであなたが得られる知識のほんの一部を紹介すると…。

①良心的な業者が簡単に見極められる。

②欠陥リフォームを未然に防ぐことができる。

③損をしない見積りの依頼の仕方が簡単にわかる。

④リフォームで失敗しないための業界裏話がわかる

⑤誰もが犯す間違いとその防衛策が簡単にわかる。

専門用語はほとんど使われていませんから、誰でも簡単に自己防衛が出来ます。

今回このガイドブックを先着50名様に無料で進呈します。

なぜ無料なのかというと、今、増改築やリフォームで失敗する方が増えているからなのです。

プロの私どもが正しい情報をお伝えしなければ、今後、リフォーム業界全体が信用を失ってしまう事になりかねません。

リフォームをして、あなたは満足して笑うか、それともトラブルになって泣くか。

後悔しない為にも、他では手に入らないこの一冊をご希望の方にお配りしています。ですから、ガイドブックご希望の方に対する、訪問営業をはじめ、しつこい営業活動は一切ありませんので、ご安心下さい。

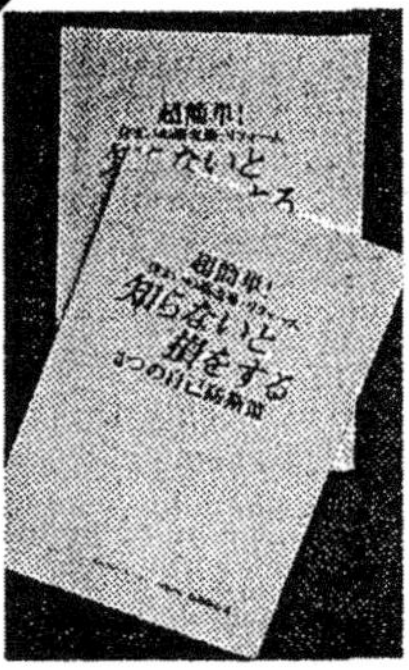

「超簡単！住まいの増改築・リフォーム 知らないと損する 3つの自己防衛策」
A5判72頁小冊子

お申し込みは簡単。今すぐお電話を！

24時間無料 録音テープ案内 0120-

■建築士事務所免許

■建設業免許〈県知事〉

■増改築相談員 登録店（市町村窓口で閲覧可）

株式会社

見込み客を確実にゲット！

レスポンス広告はこんなところにも！

レスポンス広告の手法は、あなたの身の周りにも結構ある。女性のスキンケア用品などもそう。テレビや雑誌に出ているサンプルを使ってみたくて、電話で問い合わせしてみる。あるいはネットで調べてみる。

するとサンプルを送ってもらうかわりに、住所とともに年齢や肌の悩みなどをさりげなく聞いてきたりする。ここですでに対象者の絞り込みができるわけだ。あなたが20代なら、請求したサンプルの他に、20代向けの様々な商品のパンフレットなども同時に手にすることになるだろう。

男性向けのものなら、増毛剤とかカツラなどにも、この手法は使われる。まず「無料お悩み相談」というような形で電話などを受け付ける。この段階では確かに無料で悩みを聞いてくれる。相談しただけで何か商品など申し込んだりしなくても責められはしない。しかし一応「髪の悩みを持つ人」だという認識はできる。

結構豪華な無料サンプルを与えたり、無料相談などしても最後は結局もとがとれるのは、それによって**「絞り込んだ戦略」**がとれるからだ。どこにいるかわからない客にむけてサンプルをばらまくわけではない。一応、見込み客と考えられる客に、必要とされそうな商品の宣伝をすることがいかに効果的か。客の立場では気づかなかったことを、逆の立場でちょっと考えてみよう。

イメージ広告は打ってはいけない

さて「レスポンス広告」に対して、もっともバカらしいと言わねばならぬのが、「イメージ広告」である。大企業ならまだしも、独立して成功を収めようという人、中小企業の経営者などは間違っても打ってはいけないのがこれ。よく見るでしょう？　雑誌にも車内広告にもあふれているイメージ優先の広告。

きれいな景色、美しいモデル、かっこいいデザイン。ひどいものだと、そこに社名が載っているだけだったりする。そんな広告を見て喜ぶ人は誰かといったら、そこの社員と家族だけでは？　左ページ上の表を見て、レスポンス広告とイメージ広告の違いを冷静に比較してみれば、一目瞭然。実際に金を稼げる人、成功する人が選ぶのは、こんなバカげたイメージ広告ではないはず。

もちろん、イメージ広告がすべていけないということではない。たとえば全国メジャー新聞の、一面をぶちぬいて広告を出している高級外車メーカーがいたとしよう。一面全体を黒く塗りつぶし、紙面中央に小さく、ポツンと、「ＢＭＷ」の三文字だけがある。格好良い。一見、めちゃくちゃな無駄に見える。しかし、あの広告を見ているのは、既にＢＭＷに乗っているオーナーだ。あの広告を見て、「あぁ、ステータス感じる広告だなぁ。やっぱしＢＭＷだよなぁ」と思う。そして再びＢＭＷの新車へと乗り換えるのだ。

ただ、小予算で、しかも広告費が現金に変わるスピードを短くしたいのであれば、イメージ広告は避けたほうがいい。逆に、もしあなたが「イメージ広告を打ちたい欲求」にかられてきたとしたら、危機である。よくあるケースをちょっと紹介しよう。

この本の読者のように「成功したい」「金を儲けたい」という強い思いを抱いて、実際に成功した人の中にも、ちょっと余裕が出てきたりすると、間違うことがある。外からの評価、きっと昔の友人などにも自慢したいのだろうが、自分の会社をかっこよく見せたくなるらしい。イメージ広告を打ちたくなるわけだ。実際は、相当な大企業クラスでないと、投入した広告費が現金になる前に苦しくなってくる。ちょっと成功したぐらいの起業家は、まだ控えるべきだと言える。

起業家がやっても、その広告を見て喜ぶ人は、前述したように本人とその家族だけ。何度も言うが、成功する人、そしてその成功を持続する人は、いつも目的を絞り込んでいる。目的がブレることないよう自己検証を重ねている。

絶えず自己検証していく方法は前に説明したが、目的がブレると広告一つ上手く打てなくなるのだ。

【イメージ広告とレスポンス広告の比較】

	イメージ広告（売れない広告）	レスポンス広告（売れる広告）
目　的	認知度アップ	収益アップ
特　徴	・写真、グラフィック等のアート性、洗練されたイメージ ・クリエイティビティ重視	・コピー中心、顧客へのベネフィット性を直接訴求 ・オファー（無料プレゼント、無料サンプル等）の提供
期待する顧客の反応	・小売店で選択、購入	・注文、もしくは資料請求
反復性	・認知度を得るために、何回も繰り返す	・数回テストをして、収益が得られなければストップ
効果の計測	・収益への貢献を数字で計測は困難	・広告宣伝ごとの効果測定が、厳密にできる
既存客の特定	・サンプル抽出による調査	・データベースの構築により顧客プロフィールを明確化

同じ広告でも、効果は大きく異なる！

儲けにダイレクトにつながる

【バカげたイメージ広告。誰が見る？】

大成功商事
E-mail;mouke@daiseiko

レスポンス広告はここまで分析する！

――分析結果が次のステップに大きく生きる！

レスポンス広告には常に分析が必要だ

レスポンス広告が上手な企業としては、外資系の企業があげられる。たとえば、損害保険とか生命保険の企業は、単に広告を打つだけでなく、その効果がどれだけあったのかを常に分析している。

たとえば「アリコの終身保険」の広告。分かりやすい広告だが、テレビコマーシャルの場合、最後に画面にフリーダイヤルの番号が出てくる。

むろん電話をかけてもらうことが第一なのだが、その一方で**「この広告の反応がどれだけあったのか」を分析、検証するという大きな目的**を持っている。

アリコに限らず、外資系企業の多くは、雑誌広告などの場合は媒体によって電話番号を変えるとか、広告コードを載せるかなどして、どの広告が最もレスポンスが高いか、効果が高かったかを分析している。

新聞広告でも資料請求する場合、端っこにある三角形の資料請求券をハガキに貼って応募するように書いてある。その三角形の部分に番号が表示されていて、どの媒体の、何日のものを見て応募してきたかが分かるようになっている。

テレビの場合なら、朝なのか、昼なのか、夜、それとも深夜の広告を見たのかなどが、簡単に分かるしくみをつくっている。

こうしたレスポンス分析を通して、どの時間帯の、どのエリアに、どんな広告を打つのが最も効果的なのかをつかもうとしているわけだ。日本に進出しているような外資系企業は、ほとんどがこういったレスポンス広告の分析をしながら、より合理的で、効果的な広告を打っている。

にもかかわらず、日本の企業はいまだにイメージ広告を続けている。レーザーガンと槍で戦っているようなもので勝負は明らかだ。

もっとも、最近は生涯学習のユーキャンで知られる「日本通信教育連盟」のように、日本の企業でもきちんとしたレスポンス分析をやっている企業が現れている。

"分析力"の違いが成功と失敗を左右する

もっと具体的なケースを示したのが、ある企業の左の分析シートだ。広告名や発行エリア、発行日などがこと細かく示されている。

このデータを見れば、広告効果の違いがはっきりと分かる。同じ4万円の広告でも、コール数が25件のときもあれば、わずか8件の場合もある。コール数の違いを分析してみると、発行エリアの違いが大きいことに気づくはずだ。エリアによって、効果が大きいところと少ないところがあるということだ。

一方、実際に成約した数や成約単価を比較してみると、さらにエリアごとの特徴などが分かって来る。こうした分析力が、日本の企業にはまだまだ劣っている。

もっとも、最近は広告一つで飯を食っている、と言っても過言ではない通販業界がこうしたレスポンス広告を必死でやっている。分析も、体系立てきちんとやるところが増えてきた。

いずれにしても、エモーショナル広告とレスポンス広告をセットにして展開していくのが、起業家にとっては、非常に効果的であることに間違いはない。

【“分析”力が効果をまったく変える】

<ポイント1>
同じ媒体でも、発行日までセグメント対象とする。

<ポイント2>
成約数だけでなく、コール数も調べること。

<ポイント3>
常に「成約単価」または「資料請求単価」を知る。

実験シート

広告	発行エリア	発行	サイズ	料金	コール数	完了	問合せ	成約	合計	成約	キャンセル件数	キャンセル率	対コール成約	対せ成約
						90%				8000円	0件	20%	20%	25%
クリエイト	E－3	2000年6月11日(日)	1枠	40000円	[illegible]	17件	17件	[illegible]		4000円	2件	20	56%	59%
クリエイト	E－15	2000年6月11日(日)	1枠	40000円	25件	25件	20件	9件		4444円	0件	0	36%	45%
クリエイト	E－16	2000年6月18日(日)	1枠	40000円	12件	8件	6件	6件		6667円	1件	17	50%	100%
クリエイト	E－1	2000年6月18日(日)	1枠	40000円	8件	8件	7件	2件		20000円	0件	0	25%	29%
クリエイト	E－3	2000年6月25日(日)	1枠	40000円	10件	9件	9件	7件		5714円	1件	14	70%	78%
クリエイト	E－15	2000年6月25日(日)	1枠	40000円	17件	15件	10件	5件		8000円	1件	20	29%	50%
クリエイト	E－16	2000年7月2日(日)	1枠	40000円	18件	18件	15件	6件		6667円	0件	0	33%	40%
クリエイト	E－1	2000年7月2日(日)	1枠	40000円	14件	14件	12件	7件		5714円	0件	0	50%	58%
WENDY	京浜	2000年6月11日(日)	1枠	25000円	12件	11件	5件	3件		8333円	0件	0	25%	60%
WENDY	東急	2000年6月11日(日)	1枠	25000円	15件	15件	12件	2件		12500円	0件	0	13%	17%
WENDY	目黒・	2000年6月11日(日)	1枠	25000円	22件	19件	16件	5件		5000円	1件	20	23%	31%
WENDY	中原・・	2000年6月11日(日)	1枠	25000円	6件	5件	5件	1件		25000円	1件	100	17%	20%
WENDY	大田区版	2000年6月18日(日)	1枠	25000円	4件	4件	3件	1件		25000円	0件	0	25%	33%
WENDY	東急・東横沿	2000年6月18日(日)	1枠	25000円	13件	13件	10件	3件		8333円	0件	0	23%	30%
WENDY	世田谷	2000年6月18日(日)	1枠	25000円	15件	14件	11件	4件		6250円	0件	0	27%	36%
WENDY	鶴見	2000年6月18日(日)	1枠	25000円	8件	7件	6件	4件		6250円	1件	25	50%	67%
WENDY	京浜	2000年6月25日(日)	1枠	25000円	12件	12件	9件	8件		3125円	2件	25	67%	89%
WENDY	東急	2000年6月25日(日)	1枠	25000円	5件	5件	4件	3件		8333円	0件	0	60%	75%
WENDY	目黒・	2000年6月25日(日)	1枠	25000円	15件	15件	10件	4件		6250円	0件	0	27%	40%
WENDY	中原・・	2000年6月25日(日)	1枠	25000円	20件	19件	15件	4件		6250円	0件	0	20%	27%

ここまで分析するとしないでは
これからの広告効果がまったく違う！

“一人勝ち”する広告にはこんな理由が!

——考え抜かれた広告が勝敗を分ける

顧客が一番知りたい情報を的確に伝える!

たとえば、NTTのタウンページに掲載されるような、スペースがあらかじめ決まった広告の場合、条件が同じであればあるほど、差がつくといっていい。

左ページの実際の広告例を見ていただきたい。これは、タウンページに掲載されている電話新設を請け負う会社の広告だが、一見何の変哲もない、どこにでもあるような広告に見える。しかし、実はこの会社はこの広告だけでほとんど一人勝ちの状態にある。

実際に、この広告をよく検証してみると、実に良くできている。考え抜かれた広告と言っていい。典型的なエモーショナル広告ではないが、申込みする側の心理を考えた安心させる文句が随所にちりばめられている。レスポンス広告の機能もある。どの部分が優れているのか。順に見てみよう。まずは、価格表示の方法だ。どの会社も価格表示を明確にしていないところが多い中で、明瞭価格にしてあげる。たったそれだけなのだ。

さらに、顧客が最も知りたい価格や代金の支払い、申込手続きの方法や将来、引っ越ししたときのこと、中古やレンタルではないこと、取付工事費のことや毎月の基本料のことなどをこと細かに明示し、他社より信頼性の高い広告に仕上げたことがダントツの効果を生んでいる。

もちろん、さらに「安く!安く!」とか「お客様名義の新規回線です」といった当たり前のことも、エモーショナル広告の手法ではないが、安心感、信頼感を訴える努力と言える。

信用のおける社名 幅広い営業エリアをアピール

「全日通信事業協同組合」という社名も、この広告を引き立てている。最近は、かなり怪しい企業も存在する世の中だが、協同組合という組織形態であることが、さらに信頼感を高めている。

また、実際は留守番電話での受付時間帯もあるようだが、24時間受付中であるということも、安心感を与える要素だ。要するに、この広告がエモーショナル広告の手法を若干なりとも取り入れている優れた広告であることを示している。

そしてもう一つ、電話番号の隣にある広告コードによってレスポンスを分析できる効果も取り入れている。時間外の留守番電話での対応でも、この広告コードを言ってもらうようにしてあり、どの地域からの電話なのかが簡単に分かるようになっている。

こうした努力や工夫が、この業界での一人勝ちを実現していると言っていい。むろん他社も真似をする。もっとも、真似されても優位性が変わらないのも事実。

この広告のどの部分が優れているか、また広告以後の電話応対やアップセールス、人材育成や納品システム、特許戦略、企業文化づくり、データベース分析など企業全体としての「戦略」に他社は気がついていないし、真似もできないからだ。

単に他社の広告を真似る会社がすぐにつぶれてしまうのは、こういった「氷山の一角にすぎない広告」のみを真似て「氷山の下に隠れている膨大な戦略」をつくりあげる努力をしないからだ。

【“一人勝ち”の秘密はどこに？】

考え抜かれた価格

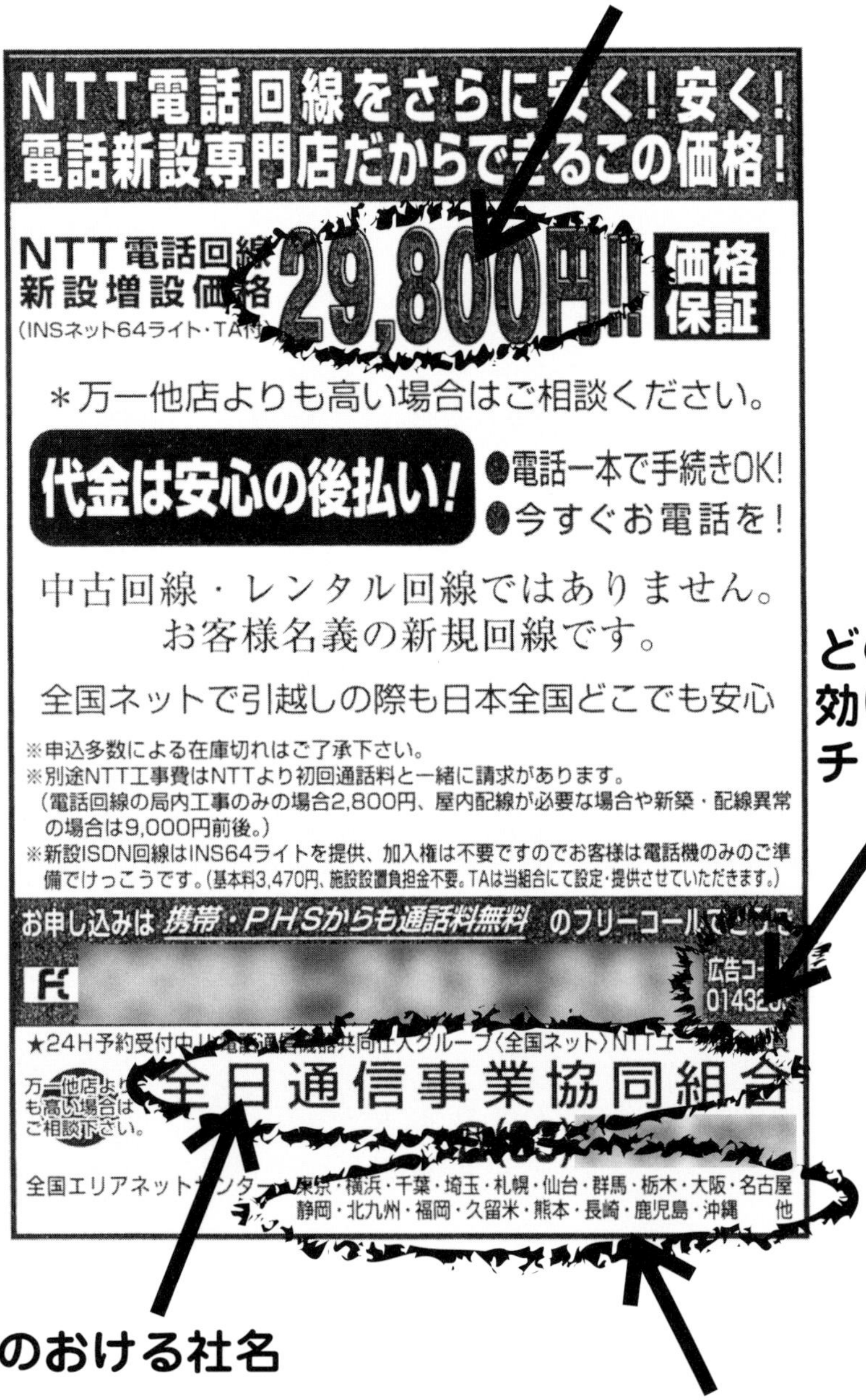

NTT電話回線をさらに安く！安く！
電話新設専門店だからできるこの価格！
NTT電話回線
新設増設価格
29,800円!!
価格保証
＊万一他店よりも高い場合はご相談ください。
代金は安心の後払い！
●電話一本で手続きOK!
●今すぐお電話を！
中古回線・レンタル回線ではありません。
お客様名義の新規回線です。
全国ネットで引越しの際も日本全国どこでも安心
※申込多数による在庫切れはご了承下さい。
※別途NTT工事費はNTTより初回通話料と一緒に請求があります。
（電話回線の局内工事のみの場合2,800円、屋内配線が必要な場合や新築・配線異常の場合は9,000円前後。）
※新設ISDN回線はINS64ライトを提供、加入権は不要ですのでお客様は電話機のみのご準備でけっこうです。（基本料3,470円、施設設置負担金不要。TAは当組合にて設定・提供させていただきます。）
お申し込みは携帯・PHSからも通話料無料のフリーコールで
全日通信事業協同組合
全国エリアネットセンター
静岡・北九州・福岡・久留米・熊本・長崎・鹿児島・沖縄　他

どの広告が効いたのかチェック

信用のおける社名

広く展開、をアピール

客が客を呼ぶ「口コミ」のメカニズム!

——口コミを利用したければ「いい印象」を与えること!

口コミで客を呼ぶには仕掛けが必要だ!

顧客獲得法の一つに「口コミ」というのがある。

なぜ口コミが受けるのかといえば、信頼できる人間同士の信頼感によって伝わっていくために、その情報に安心感があるからだ。

そして、事業をやる人間にとって口コミで顧客が拡大していくというのは、勝手に顧客が増えていくわけで、こんなに便利でありがたい仕組みはない。ただ、そのためには仕掛けが必要だ。ぼんやりと口コミで拡がっていくのを待っているわけにはいかない。

たとえば、小冊子をつくって利用客に無料で配るという方法がある。このときに注意したいのは、ケチらないこと。必要以上に豪華にする必要はないが、ある程度見栄えのいい、他の人にあげたいと思わせる高品質な小冊子をつくること。そして、一人で１００冊持っていこうが、１０００冊持っていこうが気にしないこと。

口コミュニケーションが、上手く機能すれば、どんどん勝手にみんなが宣伝用に配ってくれるようになる。いわば、給料を払わなくてもいい営業マンがいっぱいいるのと同じことになるわけだ。

口コミは、信頼感で拡大していくために成功率も高い。かつてビッグヒットした商品も、女子高校生の口コミが効いたケースが多い。

「良い情報」を流してもらうには「良い印象」

もう一つ大切なことは、良い情報を流してもらうことだ。

良い情報を流してもらうためには、「良い印象」を与えなければならない。そして、「伝えてもらう媒介物」＝ツール、が必要だ。たとえば、特別レポート、小冊子、ＣＤ－ＲＯＭ、カセットテープ、サンプル、ちょっとしたプレゼント、などだ。**人に伝える場合、目に見えるものを配ったほうが広がりやすいのだ。**たとえば、アメリカでは「ＡＯＬ（アメリカオンライン）」というプロバイダーがある。この会社はお試しＣＤ－ＲＯＭをあらゆるところで配りまくった。その結果どうなったか。業界3位から一気に3倍以上の規模になり、一気に業界1位となっていった。もちろんその他にもいろいろなマーケティング手法を活用したことと思うが、無料お試しＣＤ－ＲＯＭ、というツールはその強力な宣伝力となっていた。インターネットビジネスの場合、有益なメールマガジンもツールの一つになるだろう。

ここまで読んで、「ふーん。なるほどねぇ……」と感じているだけではいけない。コインの裏側を見てほしい。実は、「優れた小冊子のつくり方」といったマニュアルを一冊の本にまとめて、カセットテープやフロッピーディスクをつけて5万円で販売した成功者がいる。こういった商品は口コミで売るのが最も効果的だが、こうした商品をワンステップで売るのは非情に難しい。そこで「インターネットビジネスで儲けるコツ」といったステップをもう一つつくって、「インターネットで小冊子を使うと儲かる!」ということを伝える。その上で、「優れた小冊子のつくり方」を売るわけだ。実際にわずか数カ月で数百本のマニュアルが売れ、評判も良く、今も売れ続けている。

【気前よく与える→口コミを呼ぶ】

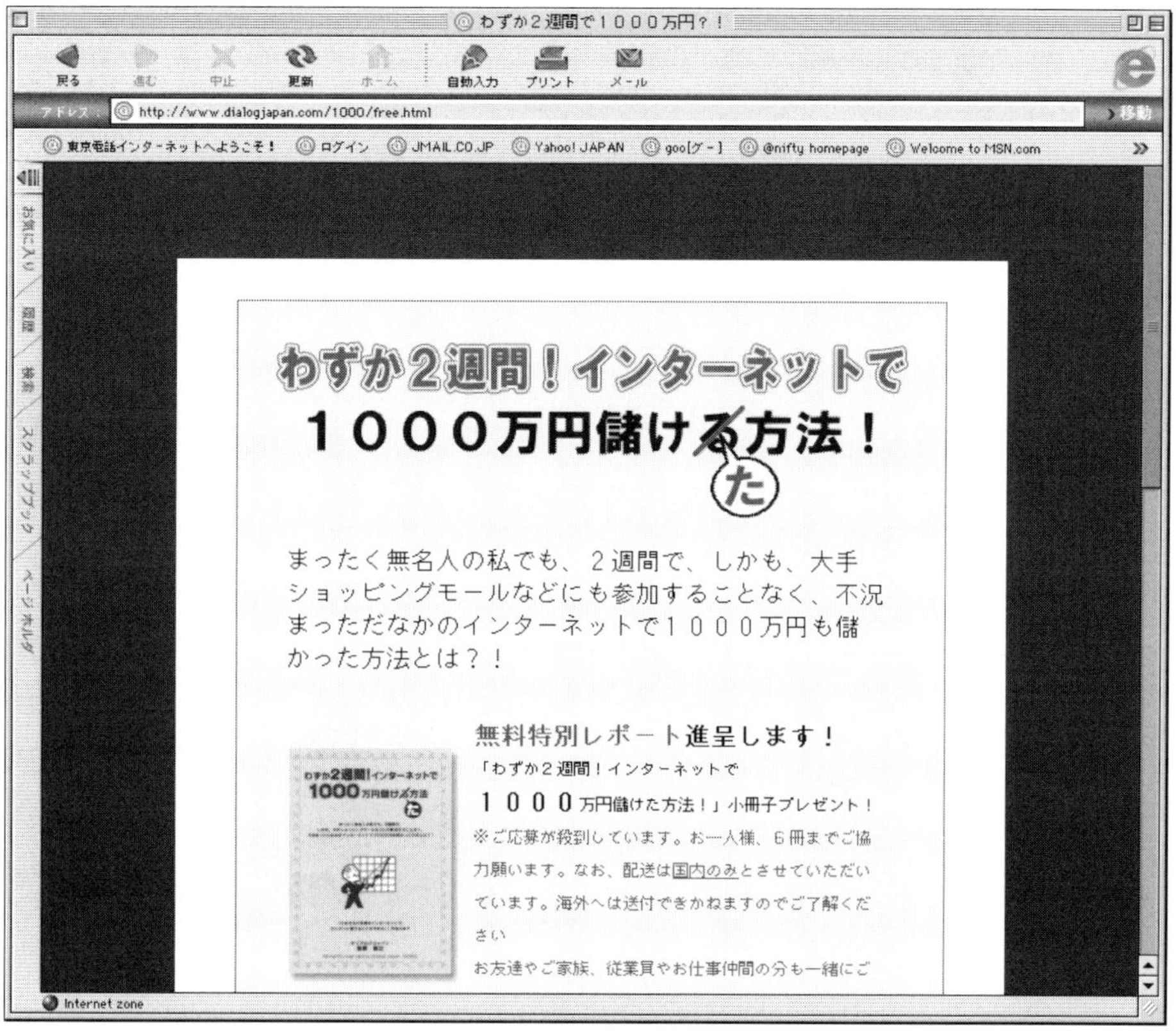

●「タダで何かを手に入れることを期待するようになってしまった人間は、実社会ではだいたい何も得られない」
（ロバート・キヨサキ著「金持ち父さんの子供はみんな天才」より）

●気前よく与えるもの：特別レポート、小冊子、Eメールセミナー、特別なデータ、体験版ソフト…etc

裏にある“儲けのカラクリ”を見抜け!

――「お金が貯まる財布」に見る儲けの仕組み

原価、送料、広告費で たぶん赤字の商品のウラ

最近、通販などでよく目にする商品に縁起物のグッズがある。「お金が貯まる財布」とか「幸運を招く水晶」など、いろいろな商品がある。こういう商品に対して、何の興味も示さない人というのは、残念だが成功する確率は低い。

といって、むろん縁起を担いでいるわけじゃない。こういった商品というのは、広告費とか送料、商品そのものの値段などを考えると、単純に計算してどうしても赤字になるはずなのだ。

実際に、お金が貯まるという財布を買ってみると2万円なのだが、この商品が掲載されていたチラシの原価を考えてみる。たとえば、インクの質や紙質などを考えると、チラシそのものは1枚2円程度。ボリュームゾーンに効率よく配ったとしても、配布に1枚1円50銭はかかるのではないか。

つまり、1枚配るのに3円50銭かかるわけだが、100人に1人が買うか、というとまず買わない。仮に3000人に1人が買うとすれば、3円50銭のお金がかかるわけだから、広告だけで1万500円かかる。2万円の商品を販売するのに、広告費だけで1万500円かかってしまう。そこに、デリバリー費用とか商品そのものの値段を考えると、どうしても儲かっているようには見えない。

秘密は購入後に届く DMにあった!

では、この業者はどこで儲けるのか。実際に買ってみると初めて分かるのだが、こういう商品を購入する人というのは、実は「夢を見たい願望」が内在している可能性がある人で、そういうニーズに沿ったビジネスがここから始まる仕組みになっている。たとえば、購入した人のみを対象として「幸福になれる犬の像」なんていうDMがあとから届く。それも、30万円もする犬だったりする。しかし、この種の財布を買って夢を見たいような人だから、今度は3000人に1人なんていう効率の悪いビジネスではなくなる。ひょっとしたら100人に1人が買うかもしれない。そうすれば、たとえ財布で損をしても十分にもとが取れる計算になる。

要するに「お金が貯まる財布」は、単なるレーダーに過ぎなかったわけ。レーダー機能を働かせるための先行投資ということになる。夢を見たい願望を少しでも持っている人を探して、そこにピンポイント攻撃をするための手段が「お金が貯まる財布」だったわけだ。

そして、**夢を見たい願望のある人のリストさえつかんでしまえば、今後のビジネスは様々な形で拡大していくことができる。**これがまさに、冒頭で述べたコインの裏側であり、儲けのカラクリだ。

結局、儲からない人というのは「お金が貯まる財布」の通販広告を見ても、「こんなのバカじゃない」「これでお金が貯まるはずがないじゃん」と、みんなで冗談を言い合ってそれで終わってしまう。

しかし、儲かる人はその裏にある真実、カラクリ、つまり「マーケティング戦略」を見抜く。場合によっては実際に買ってみる。そうしたアンテナをいつも張っていて、ピンと来たらすかさず行動に移すことができる。ここに大きな違いがあるわけだ。

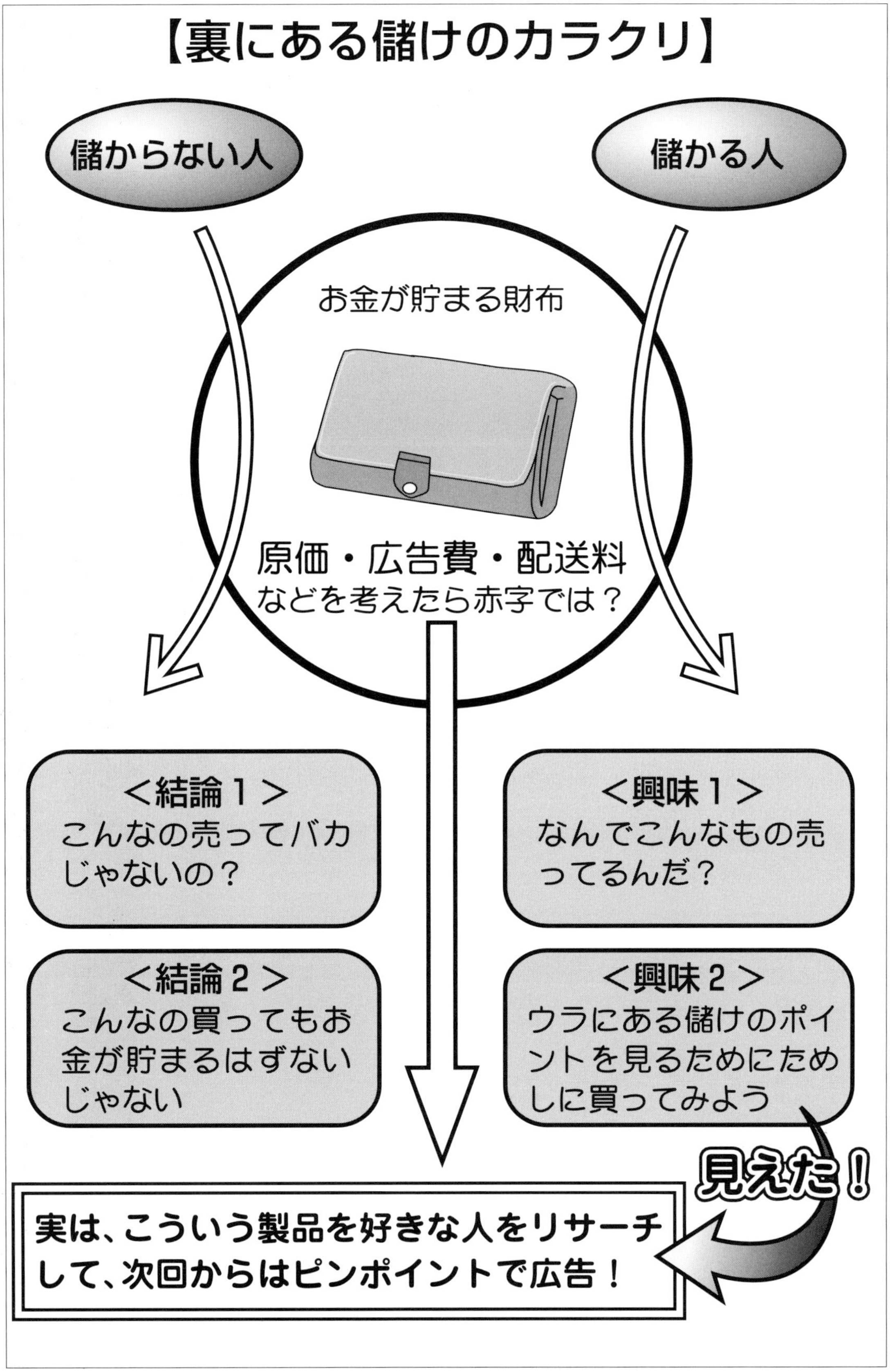
【裏にある儲けのカラクリ】
儲からない人
儲かる人
お金が貯まる財布
原価・広告費・配送料
などを考えたら赤字では？
＜結論１＞
こんなの売ってバカじゃないの？
＜結論２＞
こんなの買ってもお金が貯まるはずないじゃない
＜興味１＞
なんでこんなもの売ってるんだ？
＜興味２＞
ウラにある儲けのポイントを見るためにためしに買ってみよう
見えた！
実は、こういう製品を好きな人をリサーチして、次回からはピンポイントで広告！

儲けたいなら、消費者心理のすき間を突け！

——15万円を売るのに、最初は5万円にして売る方法

■「日本昔ばなし」セット販売の秘密

ずいぶん前にテレビで長期間に渡って放映された番組に「日本昔ばなし」というアニメがあったのを覚えているだろうか。この日本昔ばなしの「全20巻セット」というのが6万円で売られていた。

小さな子供のいる人なら、情操教育にもいいし、値段も手ごろ。まぁいいか、みたいな感じで買ってしまう人も当然いたはずだ。実際に買うと、ある日、ドーンと大きなダンボールが届く。

で、ダンボールの箱を開けてみると、最初に目に飛び込んでくるのが「今なら40巻10万円」の言葉だ。しばらく何のことか分からなかったが、すぐに気づいた。

本来は全60巻だったわけだ。しかも、20巻購入した人にだけ特別限定価格で10万円とうたっている。20巻揃えたから、全60巻揃えたいと思うのが人間の心理だ。

この心理を巧みについたのが、この販売方法。最初から「全60巻セット、16万円」と言われていれば、多分買おうという気持ちは起きなかっただろうし、全巻揃えたいとも思わなかったはず。しかも、最初の20巻の内容は魅力的なものばかりを集めてあるのだ。

ある人は実際には、迷った挙句に買ってしまったのだが、やはり20巻あると60巻揃えたくなるのが人情というものだ。しかも、20巻に6万円出せる人だったら、40巻に10万円出せるだろう。

高額なものを売るのに、最初からハードルを高くしないで、低いハードルからはじめる。ここには顧客の心理状況を緻密に計算したビジネスが存在している。

■常に消費者の心理を細かく分析する訓練を！

こうした販売方法を私は、「ダミーゴール商法」と名付けた。

たとえば、本来全36巻、60万円の商品があったとしよう。

しかし、最初に12巻セットで20万円として販売する。60万円なら手が出なくても、20万円を出せる人間の数は多くなる。少なくともハードルを60万円に設定するより20万円としたほうが買いやすいことは間違いない。

ポイントは、最初の20万円を意思決定させるときに、後ろに控えている60万円のことは絶対に言わないところにある。

消費者はここでいったんは「達成感」を得られたと思う。

ところが、実際に商品が届いて「達成感」は打ち砕かれる。全部で36巻あり、全部揃えるには60万円必要であることが分かったからだ。まるで、マラソンをしていてゴールしたと思ったら、「残り30mです」と言われるようなものである。誰しも、「せっかくここまで走ったのだから……」と思うものだ。その心理をたくみに利用している。消費者心理のすき間を突くことも大切なのである。

一見、応用できなさそうに見える。しかし、たとえば住宅リフォーム業界では、まずトイレ工事を受注してピカピカにリフォームする。そうするとお客は、キッチンも綺麗にしたくなるのだ。

それを理解していない業者は、一度に受注しようとして、最初に高額の提案をしてしまう。

「ダミーゴール商法」を理解していれば、こうした失敗はしないはずである。

【消費者心理のすき間を突く】

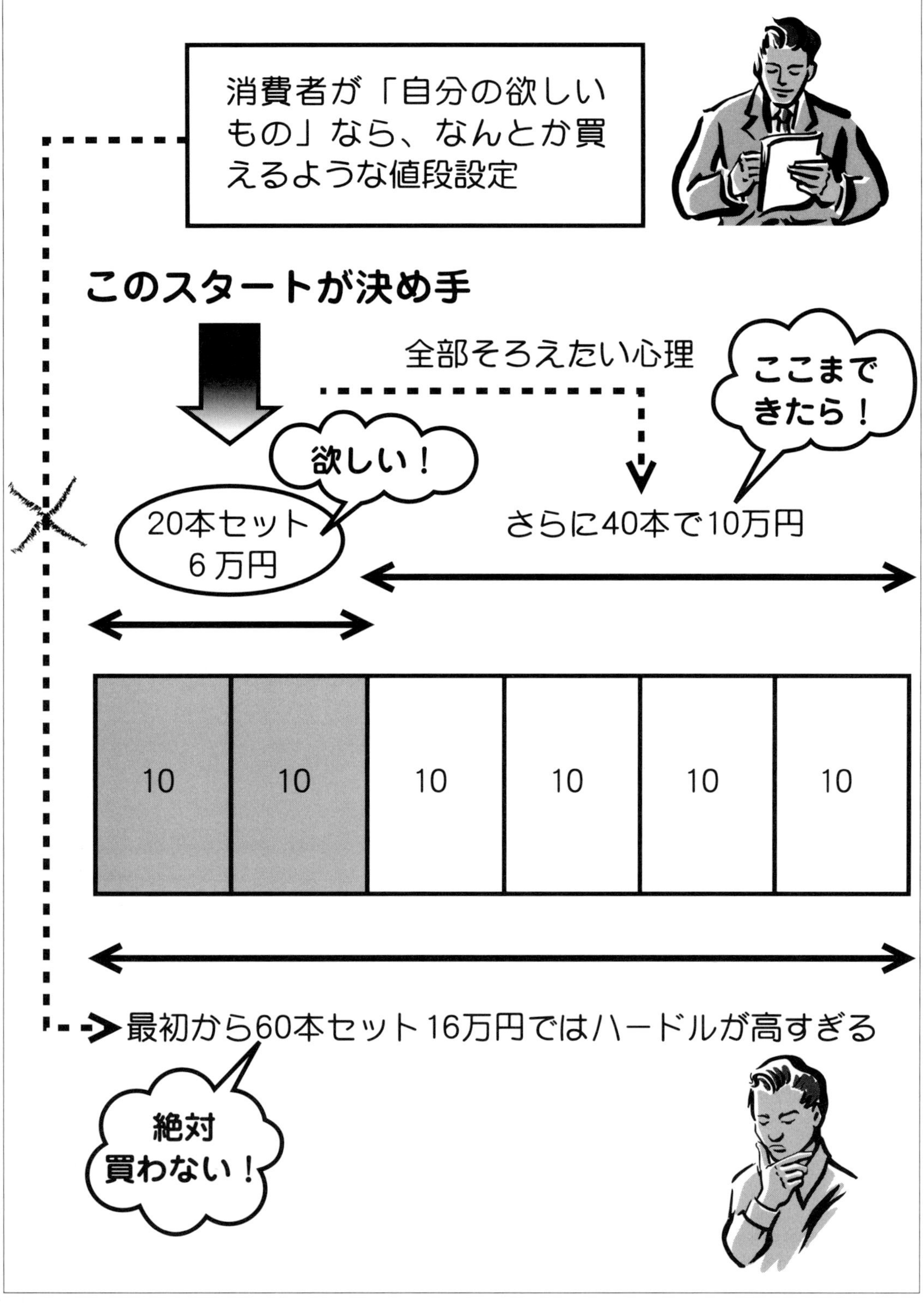

消費者が「自分の欲しいもの」なら、なんとか買えるような値段設定
このスタートが決め手
全部そろえたい心理
ここまできたら！
欲しい！
20本セット
6万円
さらに40本で10万円
10
10
10
10
10
10
最初から60本セット16万円ではハードルが高すぎる
絶対買わない！

ハードオファーは"嫌われる"
——「売り手」と接触しないソフトオファー主流の時代

■「売りに来た人」を拒絶する心理状態

最近の営業手法の傾向などを分析してみると、一つの特徴がはっきりと分かる。簡単に言えば、現代というのは「営業マンや売り子といった立場の人間と直接話すこと」を顧客が敬遠する傾向が強いということだ。

あからさまに営業してくる人間に対しては、どうしても高いものを売りつけられてしまうんじゃないか、必要のないものまで買わされてしまうんじゃないか、という警戒心が芽生えてしまう。

ある太陽光発電の会社も、営業マンが家庭を回る方法をやめた。それよりも「これをつけないと、電力会社にどれだけムダなお金を払っているか知っていますか?」という内容のレポートを配布した方が、はるかに効果があると知ったからである。

こうしたいわゆる人間を介することなく、消費者に選択権が最初から最後まで委ねられているものに人気がある。ネットショッピングや通販会社が急速に成長している事実を見れば、納得できることだ。

こうした、人間を介さない注文の方法を「ソフトオファー」、営業マンなどの人間を仲介する注文方法を「ハードオファー」と呼ぶ。

■ソフトオファー重視も心理重視のエモーショナル

ソフトオファー重視の傾向は、あらゆる分野で顕著になっている。たとえばシティバンクなどは、最初からテレホン・バンキングを通してサービスを提供しており、銀行側から何かを売り込むようなことはない。その反面で、レスポンス広告に力を入れ、ガイドブックも力を入れて配っている。

企業や小規模事務所の事務用品の販売で急成長した「アスクル」も、以前だったら、営業マンがコツコツと事務所を回って注文を取りつけてきたシステムが、現在では顧客に必要なだけ注文してもらって、それを翌日届けるだけで成立する仕組みにした。

要するに「売りに来た人」を消費者は敬遠するようになってしまったわけだ。「売りに来た人」は、できるだけいい条件で商売しなければならないことを消費者は見抜いてしまっている。

非常に地味な活動をしていたあるOA機販売の営業マンの話をしよう。彼はひたすら地道な営業活動をしていた。法人を回って、話を聞いてくれるのが50件に1件。契約までできるのが２５０件に１件の割だった。それをファックス案内を送る方法に変えると１０００件に3件資料請求があり、そのうち1件が成立。

さて、どちらが効率がいいと考えるか? 足で回る時間や交通費、そして何より断られるたびにすさむ心理を考えたら、断然ファックスなのである。

彼はその後、さらに高度なソフトオファーで、会わずに情報提供できるようなシステムにしていったら、１０００件に36件の反応があった。

「できれば営業マンや売り子とは直接話したくない」といった消費者心理を見抜くことも、ビジネスには重要なこと。そして、こうした心理分析による営業手法もエモーショナル効果の一つである。

エモーショナルの本当の狙いは、消費者心理をつかむことにある。

【お客に好かれる手法】

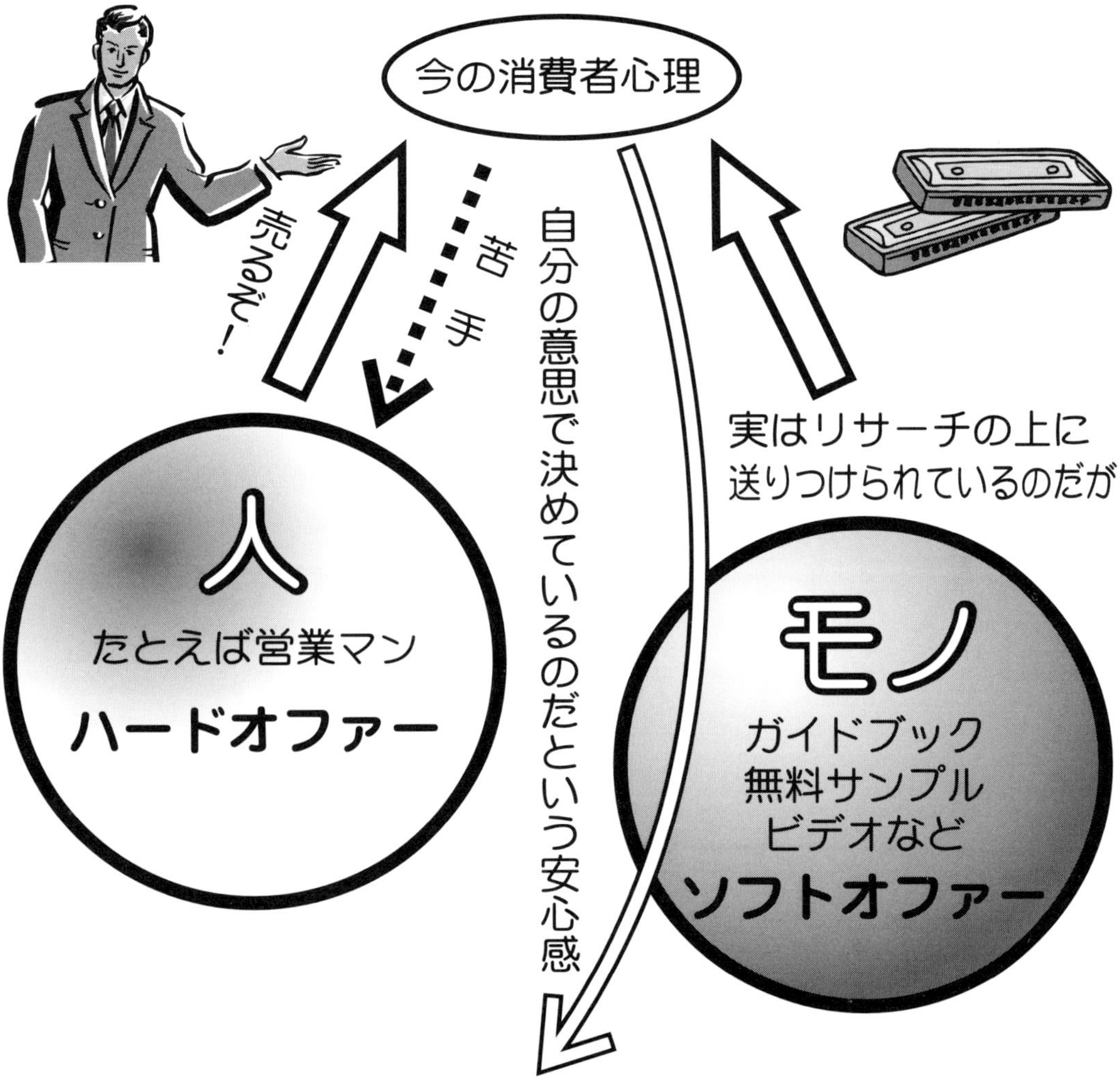
今の消費者心理
売るぞ！
苦手
自分の意思で決めているのだという安心感
実はリサーチの上に送りつけられているのだが
人
たとえば営業マン
ハードオファー
モノ
ガイドブック
無料サンプル
ビデオなど
ソフトオファー
いい買い物をしたという満足感
リピーターにもなってくれる
ここを考えてあげるのがエモーショナル広告
エモーショナル広告＝感情にゴリ押し

同じお金を5倍に生かす「求人広告」の秘密

——キーワードひとつでここまで反応が変わる!

「一番最後にご応募ください」のキャッチで7倍

「売る」ための広告では、素晴らしいものをつくっている企業も、こと求人広告になると、まるっきり工夫していないところが多い。

しかし、求人広告も同じスペースを使いながら、応募が殺到する広告もあれば、さっぱり反応がないものもある。実は、この求人広告にもエモーショナル広告の手法を使えるし、レスポンス広告の意識をもつことが重要なのだ。

具体的な例を紹介すると、左ページの広告はある求人雑誌の名古屋版に掲載された事務員募集の求人広告の一部だ。この地域でごく普通の求人広告の場合、この号には事務員特集があったわけでもないから、通常は3件程度の求職者しか応募がない。普通の社長は、「そうなのか」と思って広告代理店のペースにはまる。しかし、エモーショナル広告のノウハウを知っていれば話は別だ。

そこで、考えた末に、「一番最後にご応募ください」というアイキャッチを入れた。

このキャッチを入れただけで、3件平均から応募が一気に21件に増えた。ざっと7倍の広告効果があったわけだ。その理由は、もうお分かりだと思うが、エモーショナル効果を狙っただけのこと。

失敗するとゼロ?
求職者の心理を読む!

前に、ヒマさえあれば求人広告を眺めている社長のことを書いたが、儲けたいなら、他社の求人広告に無関心なようではダメ。ましてやライバル企業のものともなれば、じっくり読み込んでほしい。

人件費についても、いろいろな考え方があることがわかる。安い方がいいという方針もあれば、高い賃金で人材を離さない方針をとる会社もある。

たとえ求人広告であっても、エモーショナル広告やレスポンス広告の手法を取り入れることは、経営の効率化という面で重要になってくる。外資系の企業であれば、こうしたフォローもきちんとやっているところが多い。

特に、レスポンス広告はきちんと分析して、どんなときに、どんな層を対象に求人広告を打てば良いのか、常に分析している。

「一番最後にご応募ください」というキャッチコピーが成功したのも、ほとんどの企業が求人広告には、勤務体系や休日、給与など必要事項しか書かないからだ。こんな言葉が入っていれば、当然注目を集める。で、「なんか面白そうな会社だ」と思うだろうし、「最後に応募しろと言ってるぐらいだから、よほど自信があるに違いない」と求職者は考える。

その結果が、7倍の応募者を集めることになったわけだ。7倍の効果が出せれば、それだけ優秀な人材を選ぶことができる。経営の効率化という面では重要なことになる。

ただ、残念なことにエモーショナルのプロである我々でも、失敗して反応ゼロのときがある。結局、相手心理を読み間違えてしまうと、結果は何も仕掛けなかったときよりも悲惨になる可能性もある。しかし、「反響が少ないから、多少お金がかかっても、もっと大きな広告枠で……」ということにはならない。小さな広告で何度かテストをして、ヒットが打てるようになる方が賢いのである。

【同じスペースで最も目立つ広告】

10〜20万円で多くて3件の
広告効果だったのに…

このアイキャッチで
21件の応募が…

同じお金が約7倍に生きた！

何であの人こんなに仕事が速いんだろう、要領がいいんだろうと思ったことはない？　同じ時間なのに倍の仕事ができる。儲けはさらに倍になる……。それは「余計なことはやってない」から。成功のために必要なことだけ選んで、あとは楽しんで生きる彼らの方法を盗もう！

「成功のために必要なものだけを選んで！」

――「フォトリーディング®」のノウハウを使え！

■運動会で自分の子供が一目でわかるのは？

情報の収集や整理が大変なことであるのは言うまでもない。アンテナを高く、そして幅広く張れば張るほど様々な情報が入ってきて、我々は混乱してしまう。情報に振り回されて日常が埋没してしまうことにもなりかねない。

あなたが成功するために、ぜひ身につけてほしいものとして、1分間に60ページもの本を瞬時に読んでしまう「フォトリーディング」のノウハウがある。この手法については一冊の本にまとめてある（『あなたもいままでの10倍速く本が読める』フォレスト出版）。このページだけでは説明しきれないが、誰でも訓練すればできるスピード感に満ちた情報処理の方法である。

情報収集について考えるとき、本当に大切なのは、入ってきた莫大な情報をどうやって取捨選択し、活用するかである。成功する人間は、まず数多くの情報を集めて、その中から重要な情報、必要な情報を選択するようなことはしない。成功できない人は、自分でどんな情報が欲しいのか分かっていないから、分からないうちにどんどん情報を集めてしまう。結果いつのまにか、莫大な量の情報に囲まれて戸惑うことになる。

つまり、何が必要な情報なのか、自分がどんな情報を求めているのかが分かっていないと、こういうことになってしまう。自分が何を求めているのかが分かっていれば、流れ込んでくる情報から、必要な情報だけを取捨選択できるのだ。

たとえば、ものすごい人ごみの中で、自分の妻の顔が瞬時に識別できた経験を持っている人が多いと思う。運動会でも、何百人という子供の中から、一瞬で自分の子供を見つけられた経験があるはずだ。自分が何を求めているのかがはっきりと分かっているとき、人間はその情報を瞬時に探し出す能力を持っているのだ。

■気づきすぎて困る？　そうなればこっちのもの！

ところで、電話が鳴るときに、そのちょっと前に電話が鳴る予感を感じたことがないだろうか。携帯電話でも、なぜか取り出して手に持っているときに限ってかかって来る。そんな経験をしている人がきっといるはずだ。

人間にはそういった予知能力がある、といったことを言うつもりはないが、自分の目的がクリアなときは、自分が探しているもの、求めているものが瞬時に分かる、あるいは向こうのほうから教えてくれる仕組みになっているのかもしれない。

余談になるが、本当の成功者になるような人たちは、ある時期、あまりにも様々な情報に気づきすぎて苦しくなってしまうことがある。もちろんムダな情報ではない。どれもこれも役に立つものだから大変。でもここを超えるとさらに研ぎ澄まされたアンテナが立つ。ここまで来ればしめたもの。

書店に行って資料を探すときも、自分が求めている資料が明確であれば、あっという間に探している本が見つかってしまう。

こうしたノウハウが、情報収集の基本だと考えることだ。このノウハウを身につければ、そのうちに様々なことに気づく自分を発見するはずだ。森羅万象、すべてのものがノウハウの塊に思えてくる。

【フォトリーディングの手法】

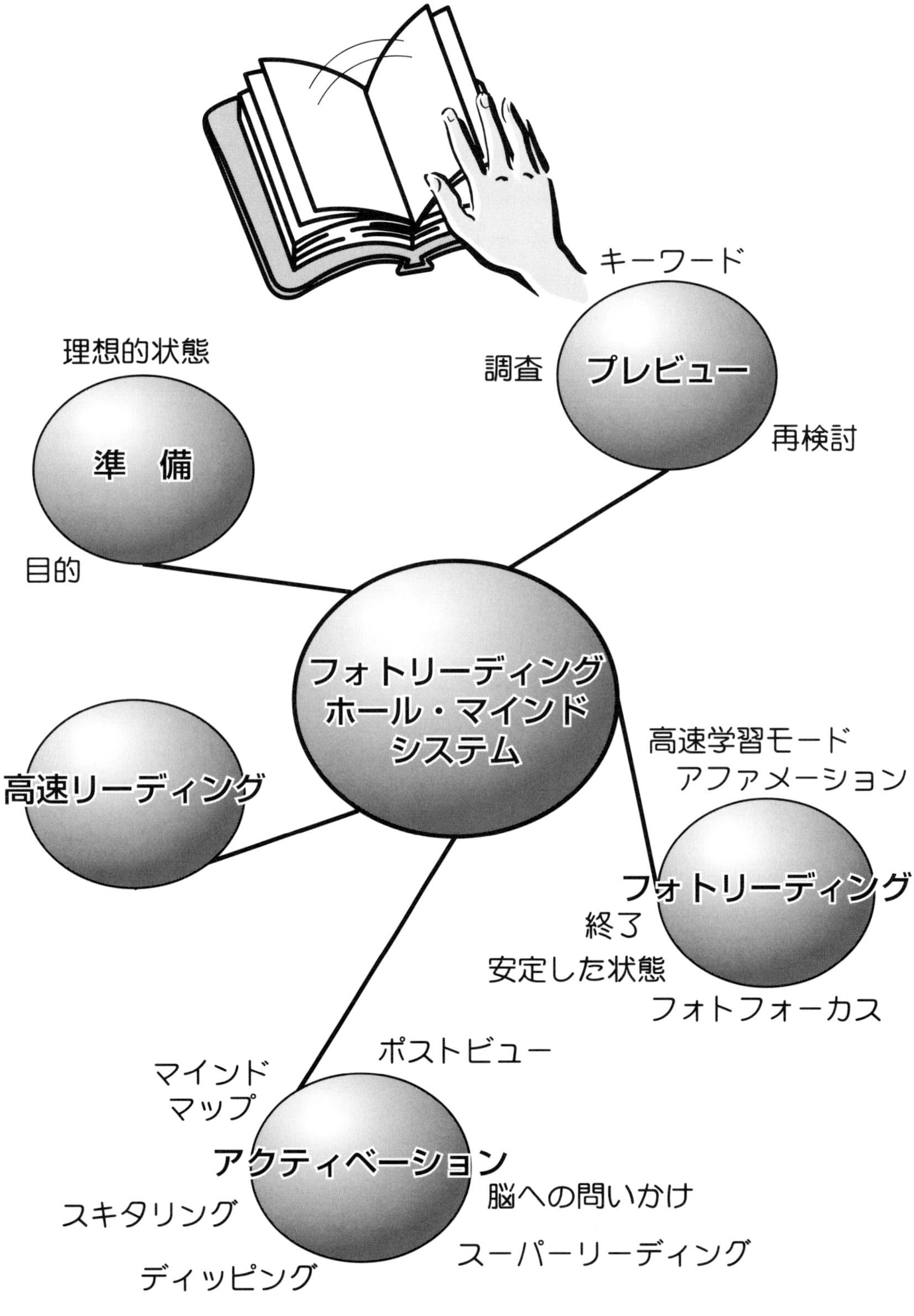

フォトリーディング
ホール・マインド
システム
準　備
理想的状態
目的
プレビュー
キーワード
調査
再検討
高速リーディング
フォトリーディング
高速学習モード
アファメーション
終了
安定した状態
フォトフォーカス
アクティベーション
ポストビュー
マインド
マップ
脳への問いかけ
スキタリング
スーパーリーディング
ディッピング

出典「あなたもいままでの10倍速く本が読める」（フォレスト出版）

街は生きた情報の宝庫！ 何をつかむ？

——成功する人は新聞もテレビも必要ない

タウンウォッチで生きた情報をつかめ！

成功者はどこで情報を拾うのか。ほとんどの人間が「街で拾う」と答える。テレビを見たり、新聞を読んでいる時間があるなら、街を歩いたほうがいい。

なかでも、コンビニは最高のアンテナショップと言っていい。自分のかわりにマーケティングを行ってくれていると思えばいい。なにしろコンビニは回転が速い。商品の種類は多いのに棚は限られているから、同じ種類の商品でも売れ筋だけが残る。2週間定点観測を続けたら、かなりのものが見える。カップラーメンなど、売れなければ確実に消えている。

雑誌を見るのもいい。見出しだけで十分。あとはどんな客がどんな雑誌を立ち読みしているか。

レジ周りも面白い。ある日の新聞売り場には驚いた。レジ前にある新聞差しを見たら、なんとスポーツ紙から夕刊紙まで、ほとんどすべての新聞の、一面の右下の同じところに、ある企業の広告が載っていた。その企業は儲けが大きいので有名だ。となれば、この一面右下という場所がかなり有利な広告場所であろうと推測できる。

自販機チェックも面白いヒントが拾える。ある朝、バス停の前の自販機を何気なく見ていたら、実に多くの人が**「朝のコーヒー」**を買っているので驚いた。ネーミングにつられて、朝はつい買ってしまうのだろうか。考えてみれば**「午後の紅茶」**も同じことだ。

だったら、ここで考えてみよう。「お弁当がおいしくなるお茶」なんていうのはどうか。時間に合わせたネーミングがいいというのは、すでに他社がマーケティングしてくれているのだから、これはいけるかも、と考えていくのが成功者の情報活用法だ。少なくとも○○茶などというネーミングよりはいい。

スターバックスなどもヒントに満ちた場だ。それぞれの店の営業時間の設定や客のパターンを眺めているだけで、意外といろんな情報がつかめるものだ。女性の持っている紙袋でトレンドもわかる。

フリーペーパーは、ビジネスのヒントが満載

東京駅に行くと必ず、新宿に行く方法を駅員さんに聞いてみるという成功者もいる。気持ちよく、丁寧に教えてくれる人もいれば、嫌な顔をする人もいる。時間的には中央線快速で行く方法が一番良いのだが、なかには間違えないようにという親切心からか、最も確実な山手線で行く方法を教えてくれる人もいるという。

お客の視点で、どういう説明の仕方が一番感じが良いのか、自分自身でリサーチしてみるわけだ。あとは実践で試してみて、お客の反応が従来とどのように変化するかを見ればよい。

一方、街で配られているフリーペーパーも重要な情報源だ。個人情報から出会い系、浄水器などなど、本当に様々な種類の情報がある。

具体的にどういう使い方をするかというと、たとえば代理店募集の場合、自分で試しに電話をしてみる。そのときの営業トークが滅茶苦茶上手かったりする。「とりあえずいま仮予約をしていただければ、確実にそちらの地区で代理店としての権利が取れるかと思いますが……」こんな営業トークを学べただけでも大きな収穫だ。

【プラス15分で生きた情報が!】

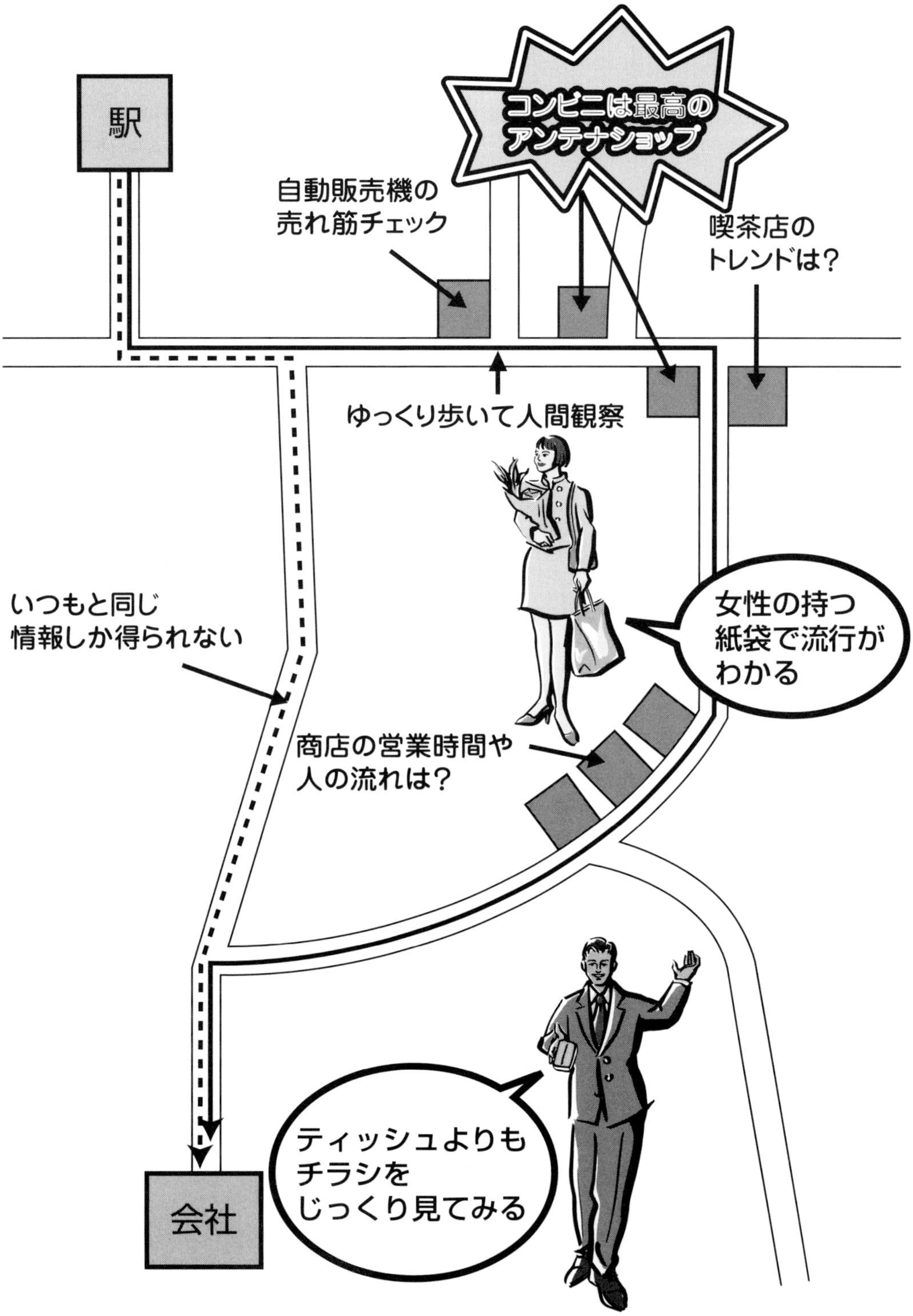
駅
コンビニは最高のアンテナショップ
自動販売機の売れ筋チェック
喫茶店のトレンドは?
ゆっくり歩いて人間観察
女性の持つ紙袋で流行がわかる
いつもと同じ情報しか得られない
商店の営業時間や人の流れは?
ティッシュよりもチラシをじっくり見てみる
会社

情報は天からふってくる！

――ネット情報、不必要なモノを捨てる活用法

ヒット数が多いグーグルでフォトリーディング

現在の情報収集のツールとして、欠くことのできないものと言えば、やはりインターネットだろう。

最近は、数多くの検索サイトがあって、どのサイトがいいのか迷うところだ。たとえば「グーグル」という検索サイトがある。「ヤフー」のように情報が整理されておらず、ワードだけでヒットしてピックアップしてくるために、どうってことのない単語を入れても、1800件とかいきなり出てくる。

もちろん1800件をいちいち見ていくのは不可能に近いわけだが、ここにもコツがある。

フォトリーディングのノウハウを使って、**不必要な情報をどんどん捨てていく方法**だ。フォトリーディングのノウハウを使えば、不必要な情報は瞬時に切ることができるはずだ。一見、ヤフーのようにあらかじめ整理されている情報のほうが役に立つように思うかもしれないが、インターネットの場合、情報収集の目的によって微妙に違ってくると思ったほうがいい。

アイデアサーチ力で決まるあなたの情報選択力

左の図を見てほしい。これは目的の情報を上手にキャッチするための、頭や心の状態を図式化してみたものだ。

グーグルなどで情報を検索するにしても、書店で資料を探すにしても、本当に求める情報を引っかけるために重要なものだ。

まず①のゾーンのように、アトランダムな、非連続で支離滅裂な情報を頭のスミに置いておく。一見ムダなようだが、実はこれが最も重要。

それらを、②のゾーンにあるような、きわめて感覚的なものでふるいにかけていく。この②のゾーンも非常に重要だが、実はここをバカにしている人が多い。しかし、ここが、この「発露するところ」が常に鋭敏でなければ、どんな情報も見分けられない。

どうも気にかかる、普段見ない夢を見た、何だか心に引っかかる、こうだと思えてならない、単純に予感がする……。大きな成功を望むなら、こんな感覚を「バカらしい」としまい込まないでほしい。

そして②のゾーンで引っかかったものを、現実にためし、検証し、行動に移し、結果を見る。結果が良ければ確信に変わるだろうし、そうでなければ、また①のゾーンの頭のスミにもどしてやる。

成功する人の情報検索法がどんな感じか、何となく分かっただろうか。くれぐれも②のゾーンを軽視しないでほしい。

実際に大きな儲けになるようなアイデアは、車の中にいるとき、シャワーを浴びているとき、うつらうつら眠っているときなどに浮かぶことが多い。DNAの発見もまた、夢に現れた螺旋図がもとになっているという。

要は、こういうことだ。ネットをはじめとした情報収集法を熟知し、誰よりも要領よく活用しているつもりでも成功できない人がいる。そういう人たちは、理論的な連続情報にこだわりすぎる。そしてさらに②のゾーンをバカにしているかもしれないということ。これらに気づけば、グーグルなどの検索エンジンの活用法や、ふってわいてくるアイデアも見事に違ってくるはずだ。

【情報がひっかかるアタマ――非連続アイデアサーチ法TM】

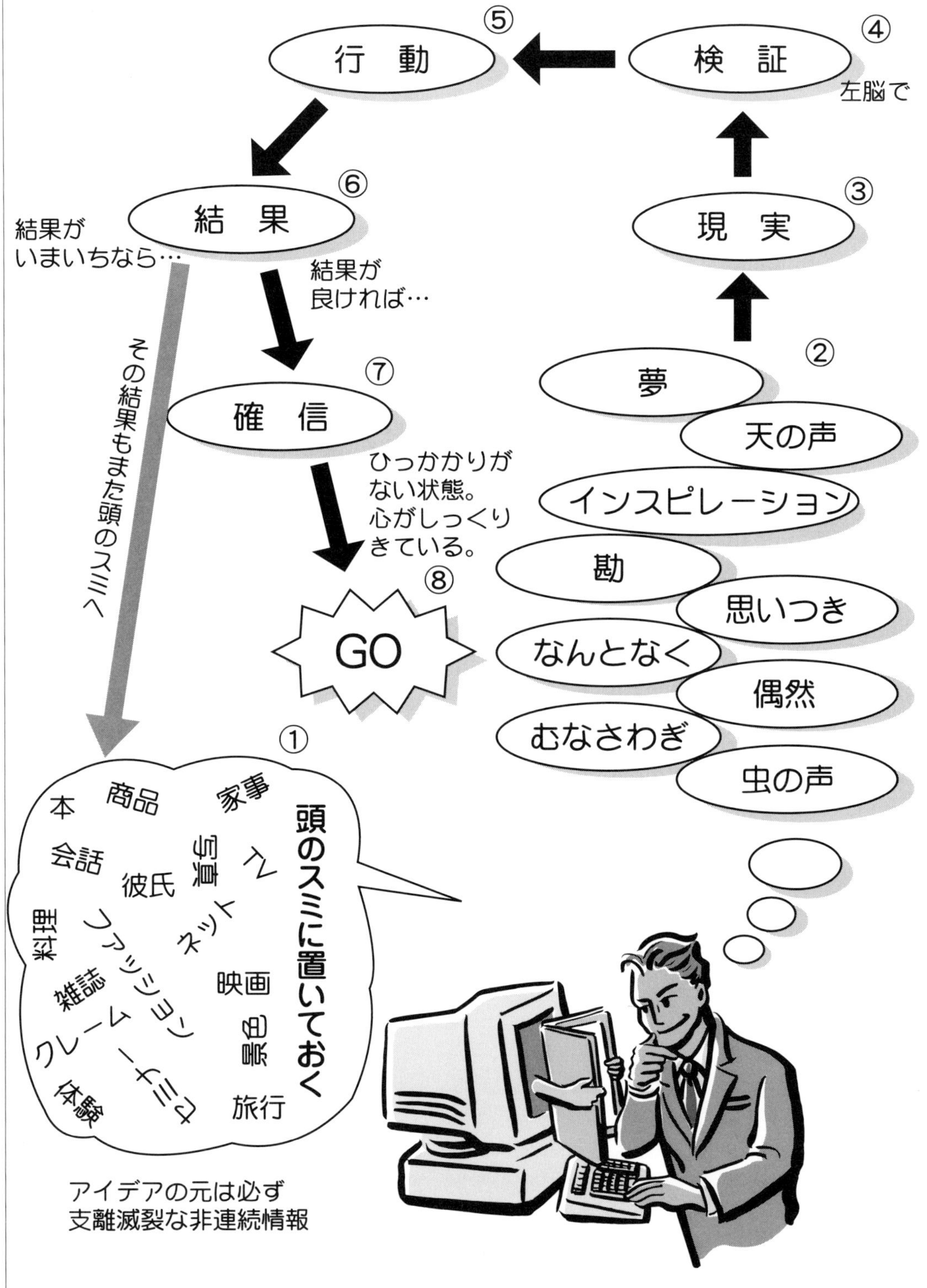
⑤ 行動
④ 検証
左脳で
⑥ 結果
③ 現実
結果がいまいちなら…
結果が良ければ…
その結果もまた頭のスミへ
⑦ 確信
② 夢
天の声
インスピレーション
勘
思いつき
なんとなく
偶然
むなさわぎ
虫の声
ひっかかりがない状態。心がしっくりきている。
⑧ GO
①
本
商品
家事
会話
写真
TV
彼氏
料理
ファッション
ネット
雑誌
映画
音楽
クレーム
セミナー
体験
旅行
頭のスミに置いておく
アイデアの元は必ず支離滅裂な非連続情報

新聞は"人とは違った"活用法で！

――同じニュースをもう一人の自分と検証する

もう一人の自分を新聞を通して検証する

成功できる人は、新聞の利用方法もちょっと変わっている。すでに、新聞やテレビを見なくても情報収集はいくらでもできると述べた。しかし、新聞も使い方次第では、強力な自己検証、情報収集のツールになるのだ。

たとえば、自己検証をおこたらない方法として「もう一人の自分と対話する」ことをお勧めしたが、新聞を使ってもう一人の自分と対話する練習ができる。

方法は簡単。最初にやることは新聞を2紙以上取って読むこと。複数の新聞を読んでみると、同じ事件であっても同じことが書いてあるわけではないことに気づくはずだ。それぞれ違う立場で書いてあるために、記事の内容が変わってくる。

起業するときに覚えておいてほしいのは、ある情報というのは必ずそれを流す人の思惑によって流されるということだ。といって、別にいたずらに疑心暗鬼になれという意味ではない。

経営者になるなら、少なくとも経済の記事くらいは「信じ込まないで」もらいたいのだ。たとえばある日の**「ユニクロ」**に関する記事。

新規出店の効果がなく、既存店の売り上げが多いということに関して、A紙は「既存店に力があるからこれからも伸びる」と言い、B紙は「これからの伸びは望めない」と悲観的だ。

こういったことをそれぞれ違う人格になりすまして新聞を読むことで、情報をより客観的に分析する能力が身につく。

縮刷版の広告を見て売れ筋・ヒットの流れをつかむ

新聞の縮刷版を使っても、ユニークな情報収集ができる。縮刷版の広告だけをピックアップすることで、様々な情報を得ることができてしまうのだ。縮刷版そのものは、たいていの図書館に置いてあるから、じっくり閲覧できるはずだ。

たとえば、縮刷版を3カ月分ぐらい並べて、広告の推移を見る方法がある。何気なく眺めているだけで、特定の企業が同じスペースで、継続してイメージ広告を出していることに気がついたりする。

たとえば、通信教育で有名な優良企業があるが、ここが一面ぶち抜きで新聞広告を出すのは、どんな周期なのか見てみる。秋は趣味のものが多くて、冬に書道とかマナーのものが多いとなれば、それはかなりしっかりしたマーケティングの結果だ。そういった結果を自分のビジネスの参考にしない手はない。

「ヒサヤ大黒堂」というおなじみの広告。これも実に頻繁に、しかもテレビ欄の下に出ている。このように**ほとんど変えずに出し続けている広告はヒット広告、真似をするに値する広告**と言える。逆にすぐに消え去ったコピーなどは、ダメコピーということが分かる。

このように「時系列で追って」こそ見えてくるヒント。それらをつかむには新聞を逆のぼって見ていくことが最適だ。

時代の流れに敏感でいたいと、もちろん読者は思っているだろうが、自分で考えているより案外難しい。キティちゃんの顔が昔とどれだけ変わっているか、気づいていました？

【新聞にだまされない方法】

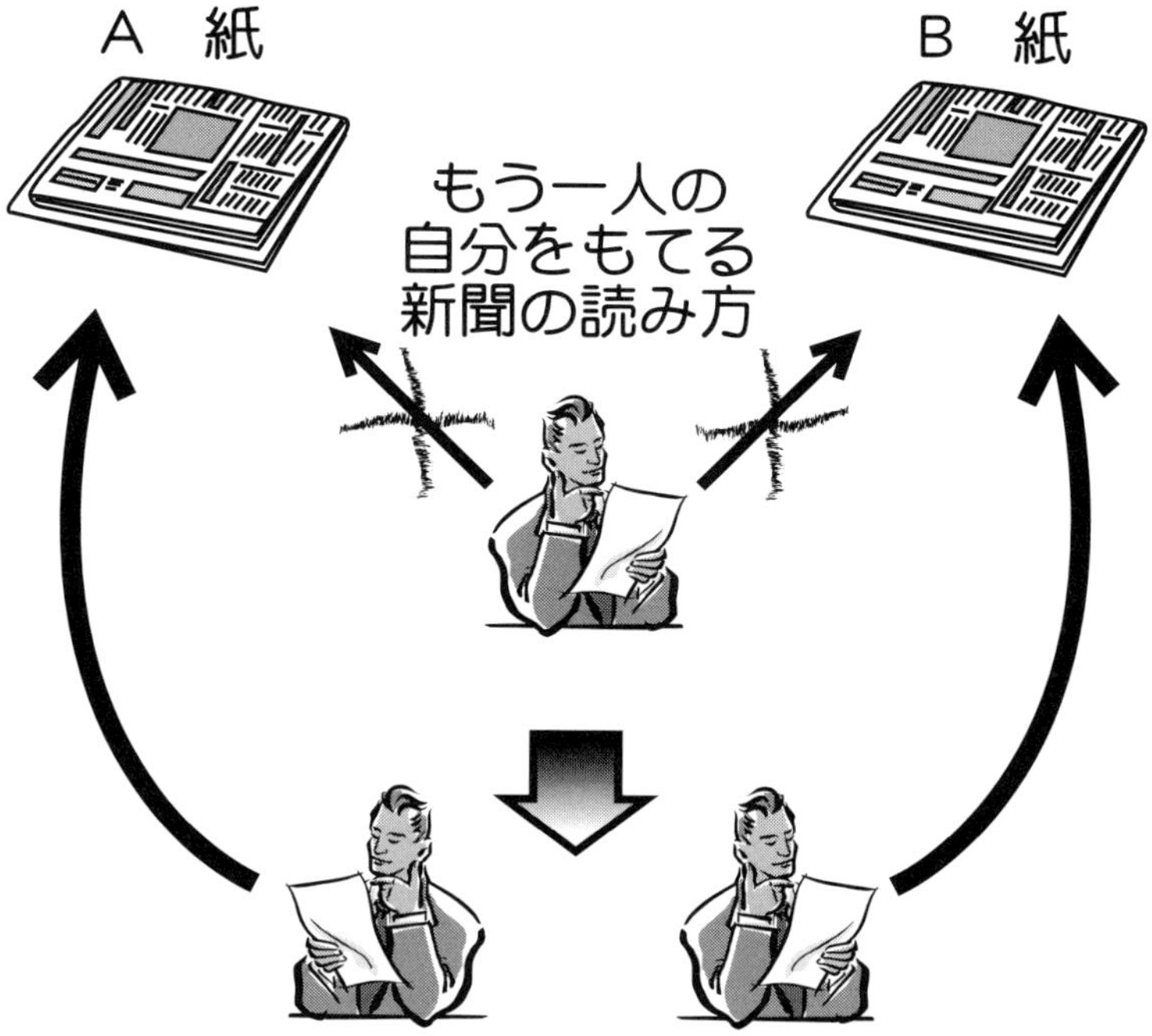

【時系列だからわかる“儲けの仕組み”】

縮刷版の広告だけを追い続けてみると…
（３ヵ月分まとめて）

儲かっている会社の季節商品の狙いは？
変わることがない効果的な宣伝コピーは？
あっという間に消えた「売れない」商品コピーは？

自分の仕事に生かす

「時間」の優先順位はこうしてつける
——限界が来たら、さっさと切るのが成功者

「100％のことをできる時間はない」

事業をスタートして、ある程度順調に進んでいけば、当然忙しくなる。そんなときにぶつかる壁が「時間」の問題だ。大切なことは、「100％のことをできる時間はない」という現実を理解することだ。その上で、ものごとの優先順位をつける必要がある。

たとえば、よくあるノウハウだが、ABCにランク分けしてAグループは必ず実行する案件。Bグループは返事だけでもするグループ。そしてCグループは時間が空いていれば返事をするものの、なければ無視してしまうグループといった具合だ。

とはいえ、その優先順位を振る基準を間違ってしまったら意味がない。判断が難しいところだ。すべてが「儲け」に結びつくと考えてしまうと、身動きが取れなくなってしまうからだ。

もちろん、人それぞれの基準があるのだが、儲けていながら「金の亡者」ではない、真の成功者たちに共通した判断法を書き出してみよう。大きく二つある。

まず、お金で買えるかどうか、という基準。

子どもと過ごす時間、これはお金で買えない。最優先。人材を大事に考えているので、採用の面接も最優先。採用後の研修も最優先となる。しかし、商材の売り込みや打ち合わせなどは、キャンセルや変更もありとする。

次に、それを短期的な効果で見るか、長期的な効果で見るか。長期的に見るなら、今ここでその時間をとらなかったために、半年後なり1年後にどういう結果が出るかを考えればよい。

人材を大切に考えていると前述したが、もし研修の一日目に社長が来なかったらどうだろう。短期的な、1週間後の効果しか考えなければ、たいしたことはないということになる。しかし、1年後のことを考えれば、絶対にトップ自らが初日にきちんとした指針を伝えなければ大変なことになる。会社のめざす方向性と違った方を向いて仕事をしてしまうかもしれないし、最悪の場合対立が起きる。

人間誰しも、はじめに得た印象をずっと持つからだ。三つ子の魂百までと似たようなものである。

こう考えていくと、案外明確にグループ分けができる。

時間が来たら切る勇気を持つことも大切

たとえば、クライアントからのメールなども山のようにやって来る。とてもすべてに応えられるものではない。なので最初にクライアントに「お約束のないものは返事をしないこともあります」と明言してしまう。これも一つの方法だろう。「返事をするかどうかは任意で判断させてください」という断わりを最初に入れておく。

もっと極端なケースを言えば、最も重視すべきクライアントやビジネスのパートナーに対しては、最優先に扱うものの、それ以外はすべて「時間があったらやる」というスタンスにしてしまう方法がある。

容赦なく切り捨てることで、自分を守るという意識を持つ。そうした思い切った方法が、成功に結びつく。時間は最も重要な「資源」であると同時に、再生がきかないものであるのだ。

【最優先にすべきことはこの2つ!】

①お金で買えないもの
②長期的効果を
期待するもの
半年後
1年後
まずいことに…
キャンセルすると
1週間後でも
別に平気

【プライオリティを整理するコツ】

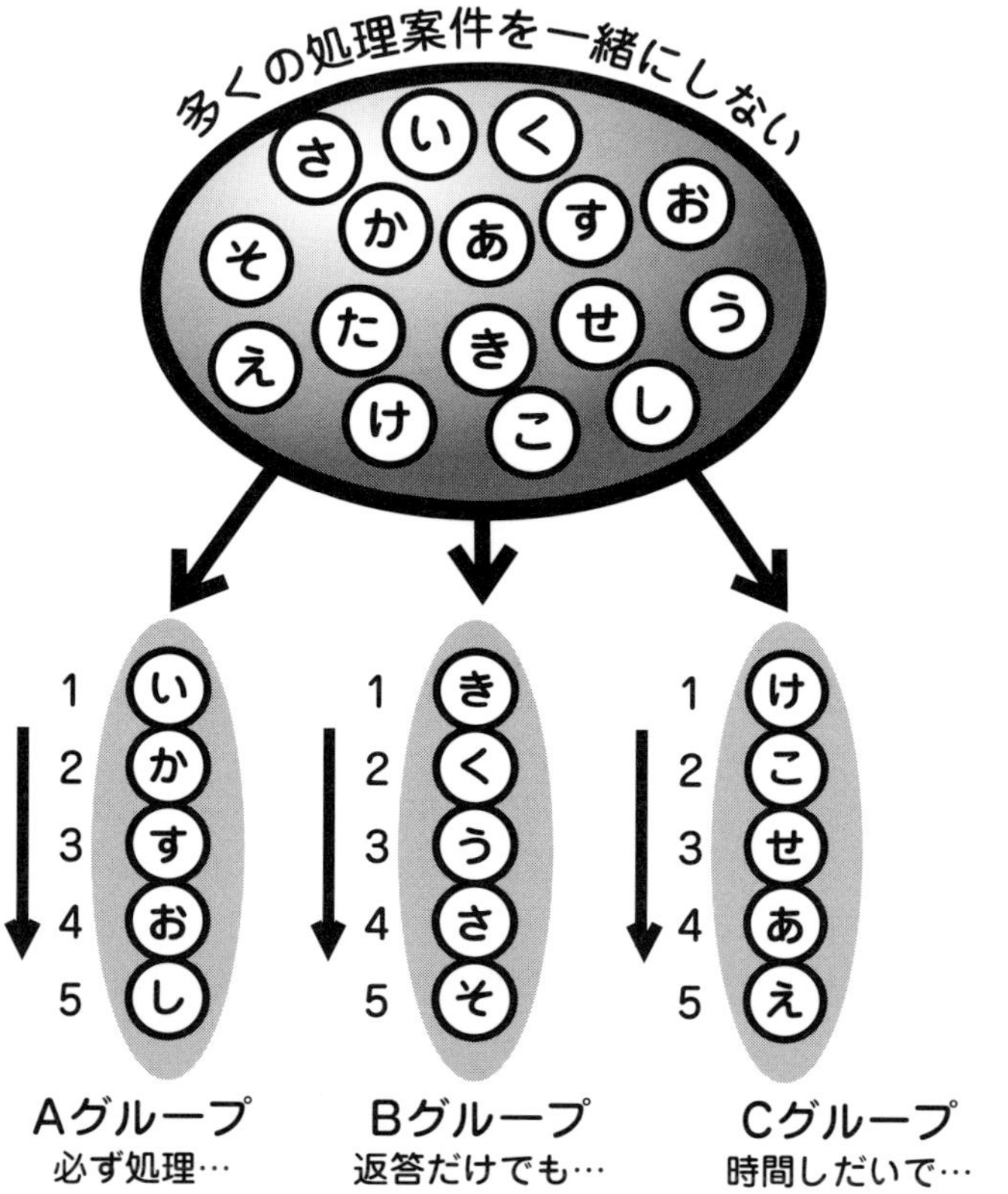
多くの処理案件を一緒にしない
さ い く か あ す お そ た き せ う え け こ し
1 い 2 か 3 す 4 お 5 し
Aグループ
必ず処理…
1 き 2 く 3 う 4 さ 5 そ
Bグループ
返答だけでも…
1 け 2 こ 3 せ 4 あ 5 え
Cグループ
時間しだいで…

忙しい人ほど賢くなっていく理由

——複数の作業を同時に処理するといいアイデアが！

集中するほど問題解決から遠のく

多忙になってくると、いくつもの仕事を同時に抱える。そんなときに几帳面な人や神経質な人は、なにがなんでも一つずつ終わらせていこうとする。しかし、これまで何か問題を抱えたときに、根詰めて考えて解決したことがあるだろうか？ 仕事ばかりじゃない。恋愛問題にしても家族のことに関しても、そのことだけを考えると行き詰まってよけいに苦しくなる経験は誰も持っているはずだ。

そもそも、問題解決のプロセスは、直線的にまっすぐ向かえば最短距離というのはウソである。寄り道したり、あきらめかけて他のことを考えているときに、突然解決策が浮かんだりするのだ。79ページの「非連続アイデアサーチ法」と同じ理論だ。

日本の教育では、これまで一つのことに集中するのが良しとされてきた。しかし「集中力がない」なんて悩む必要はまったくない。むしろ喜んでいい。

あちこちにとびながら並列作業をすることで、思考回路が柔軟になり、ふだん思いつけないことでも思い浮かべることができるのだ。

一つの作業に集中しているときというのは、いわば閉鎖された頭の状態と言える。閉鎖されている思考回路では、やはり良いアイデアはなかなか浮かばないものだ。

その点、複数の作業を同時に進行させているときは、いわば頭が開放されている状態。まったく違う作業の段階で素晴らしいアイデアを思いつく。考えることだけに集中しているよりも、歩きながら考えるほうが頭がすっきりするのと一緒だ。

1度に3冊の本を読む情報収集にも並列処理を

左の下の図のような考え方を「三角発想法」と言うが、こうした、何の脈略もない物同士の間でものを考えているうちに、貴重なアイデアが浮かんでくる。何かを売ろうと考えたとき、それについてだけ考えず、まったく別のものと絡めて考えていくと「売れる方法」が見えるというわけだ。

偉大な発明はすべて、こうした環境から生まれた。ニュートンの引力の発見は典型例だが、**ソフトバンク**の孫正義氏もこういうアイデア発想法をとっているという。つまり、これらはすべて無関係の「非連続情報」を結びつけているのだ。

一方、情報収集という点でも、並列処理は効果的だ。たとえば、前に複数の新聞を読むことをお勧めしたが、本の場合も一冊一冊読んでいくのではなく、同時に3冊とか、4冊読んでいく方法がいい。

ちなみに、並列処理ができる量子コンピュータの開発も急ピッチで進んでおり、現在のような直列処理のコンピュータよりも数段早い処理が可能になると言われている。

とにかくマルチな作業ができる環境をつくる。たとえば、ヘッドフォンを使った電話にすることで、両手をフリーにして、電話をしている間にネットで探し物をしたり、ファイルの整理をする。一つの仕事を終えても、頭を閉じてしまわないこと。常に頭を開放しておくことで、次々にアイデアが浮かんで来る。多忙な人ほど並列処理を余儀なくされるからこそ、どんどん賢くなっていくのである。

【並列処理の仕事術】

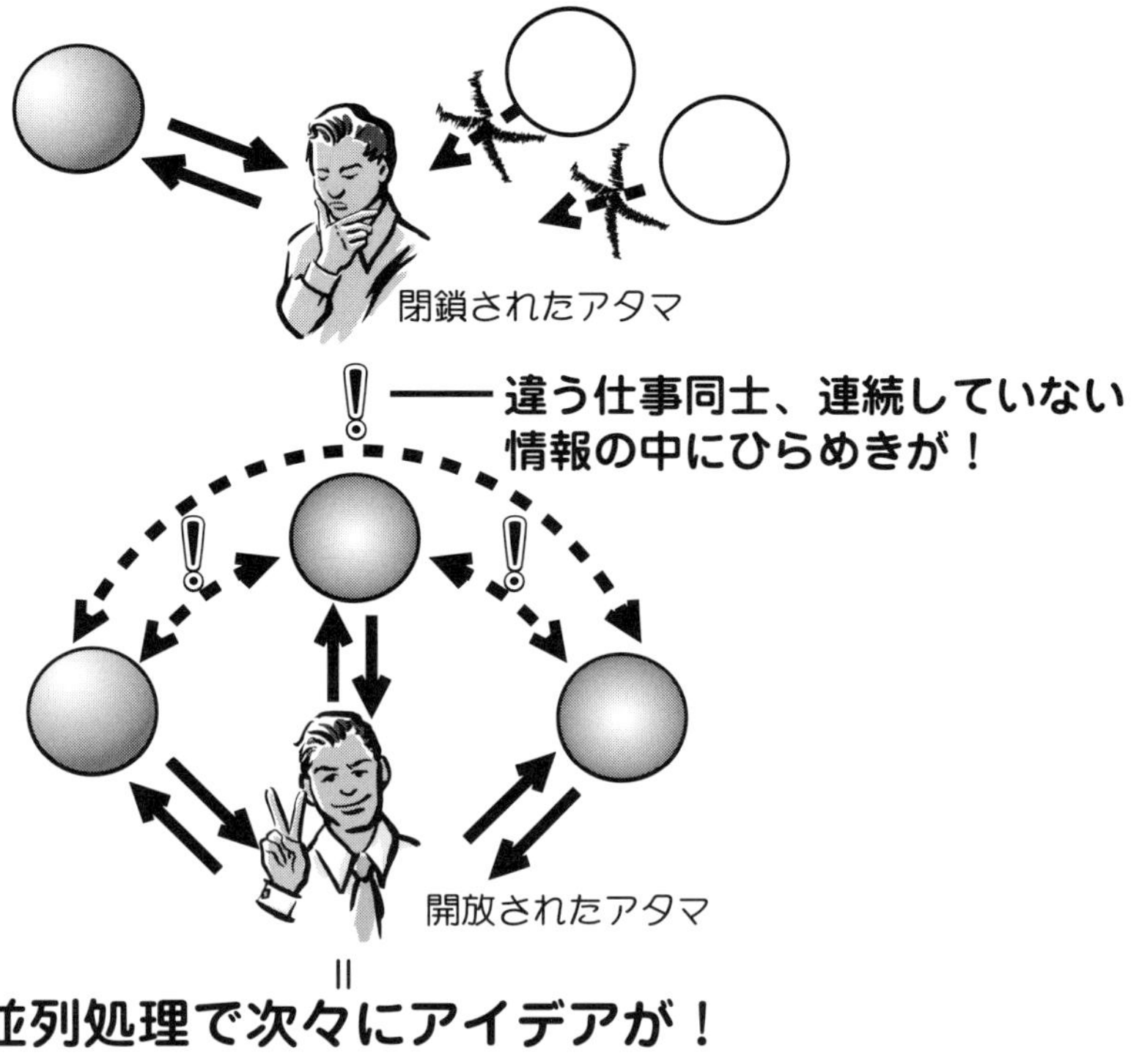
閉鎖されたアタマ
違う仕事同士、連続していない
情報の中にひらめきが！
開放されたアタマ
＝
並列処理で次々にアイデアが！

【三角発想法って?】

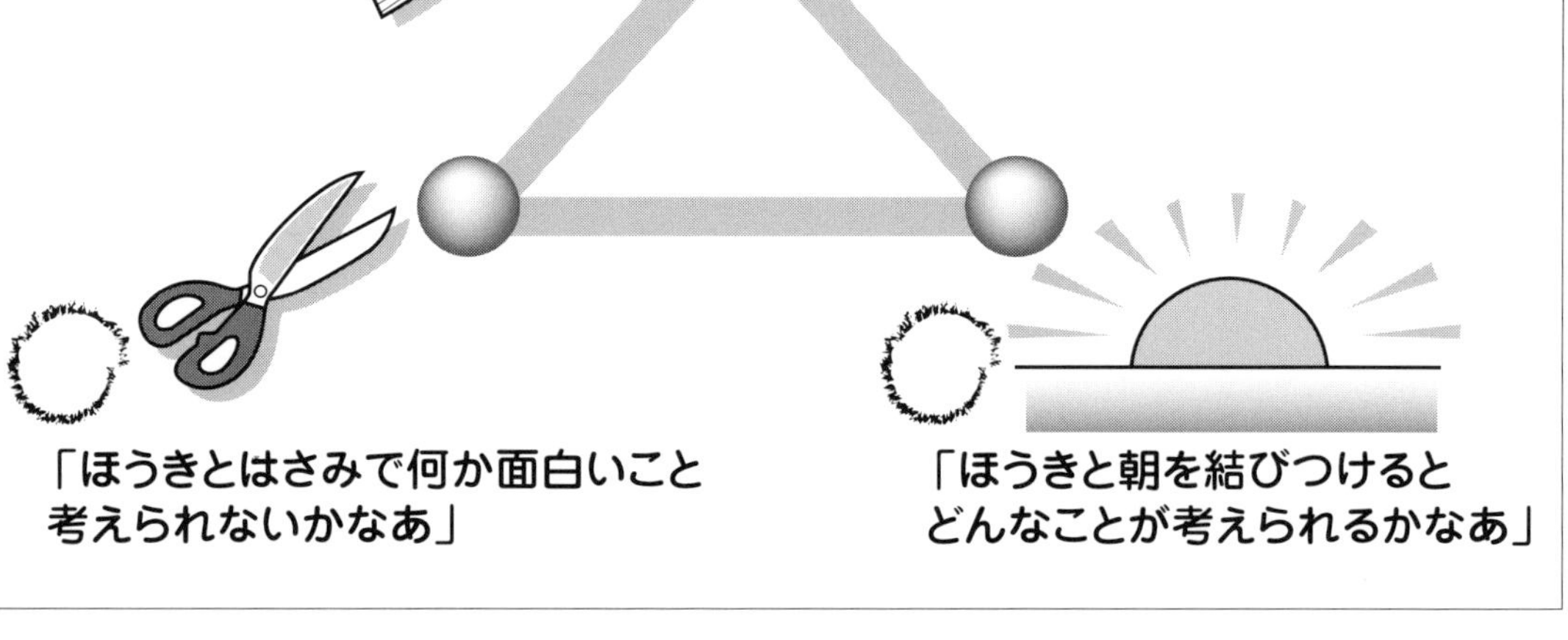
「ほうきを売るにはどうしたらいいか」
「どうしたらほうきが
売れるのかなあ」
「ほうきとはさみで何か面白いこと
考えられないかなあ」
「ほうきと朝を結びつけると
どんなことが考えられるかなあ」

デスクの使い方で、成功が見える！

——雑然とした机で並列処理、整然とした机で集中処理

並列処理が生きるパソコン仕事術

成功する、儲けるといっても、様々な仕事の形態があるが、縛られずに自由に、かつ大金を手にしているような成功者たちは、自ずとその行動範囲も広くなる。仕事場は、何も事務所のある土地に限る必要などなく、儲かる匂いがするなら、日本全国どころか海外だって軽々と行ってしまう。

そんな彼らの事務所を覗いてみると、大方デスクはごちゃごちゃだ。並列処理をしている証拠だろう。デスク上のパソコンは、タスバーがいっぱい開いている。

パソコンで仕事中、ちょっと他の事案についてのアイデアが浮かべば即そのファイルを開いて書き込む。後回しにしない。それをやっている最中に電話がくれば、また電話の案件のファイルを開く。こんなことをやっているから、タスクバーはすぐにずらっと並ぶことになる。慣れないと違和感があるかもしれないが、この方法の良さは、しばらくしてパソコンを閉じるときにまた、ちらっとそれぞれのファイルの存在を確認できることにもある。つまり、自分の頭のスミにいくつもの案件を自然に引っかけておけるのだ。

一つひとつ集中して、終わったらファイルを片づけてしまうやり方は、アイデアを生める仕事にならない。パソコンでも同じである。

自由に様々なデスクを使いこなす

そんな彼らでも、さすがに締め切りに追われているときなどは、すべてをシャットアウトして一つの仕事に集中することがある。こういった仕事は「短時間」に終わらせるのがポイント。そんなときのために集中机を持っていたらベストだ。何も置かずにきれいにしてある机を一つ持つ。集中したい仕事だけを持って、その机に向かうのだ。そしてその仕事を短時間でガーッと終えたら、またその机はきれいにしておく。

ちなみに、今は外資系などを中心にオフィスに大金をかけて、素晴らしいものをつくっているが、前述したように「儲かる匂いがする」仕事に、どんどんチャレンジしていきたいなら、事務所はできるだけシンプルに、いくらでもレイアウトの変更ができるようにしておくのがいい。

デスクを工夫したり、事務所のレイアウトを工夫しても、やはり限界はある。ある程度慣れてしまうと、独創性を生み出すのにふさわしくない環境になってしまう。

こんなときには、ノートパソコンや資料を持って、街に出かけていくにかぎる。たとえば、ファミレスやファーストフードの店に行く。天気がよければ、公園に行ってベンチで仕事をしてもいい。

ファミレスなどで、周囲の声に耳を傾けながら仕事をするのも、ある種の並列処理になる。しかも、店は変わらないが、店に来る客は毎日変化する。様々な階層の人間たちがアトランダムに集まってくる。彼らの話の内容を頭のスミに入れながら仕事をしていると、意外と仕事のヒントがあったりする。小室哲哉氏が近くのデニーズで曲の構想を練ることがあったという話も、こういった理由かもしれない。クリエイティブな仕事をするときには、実はとても効果的な空間なのだ。

【パソコンでも並列処理】

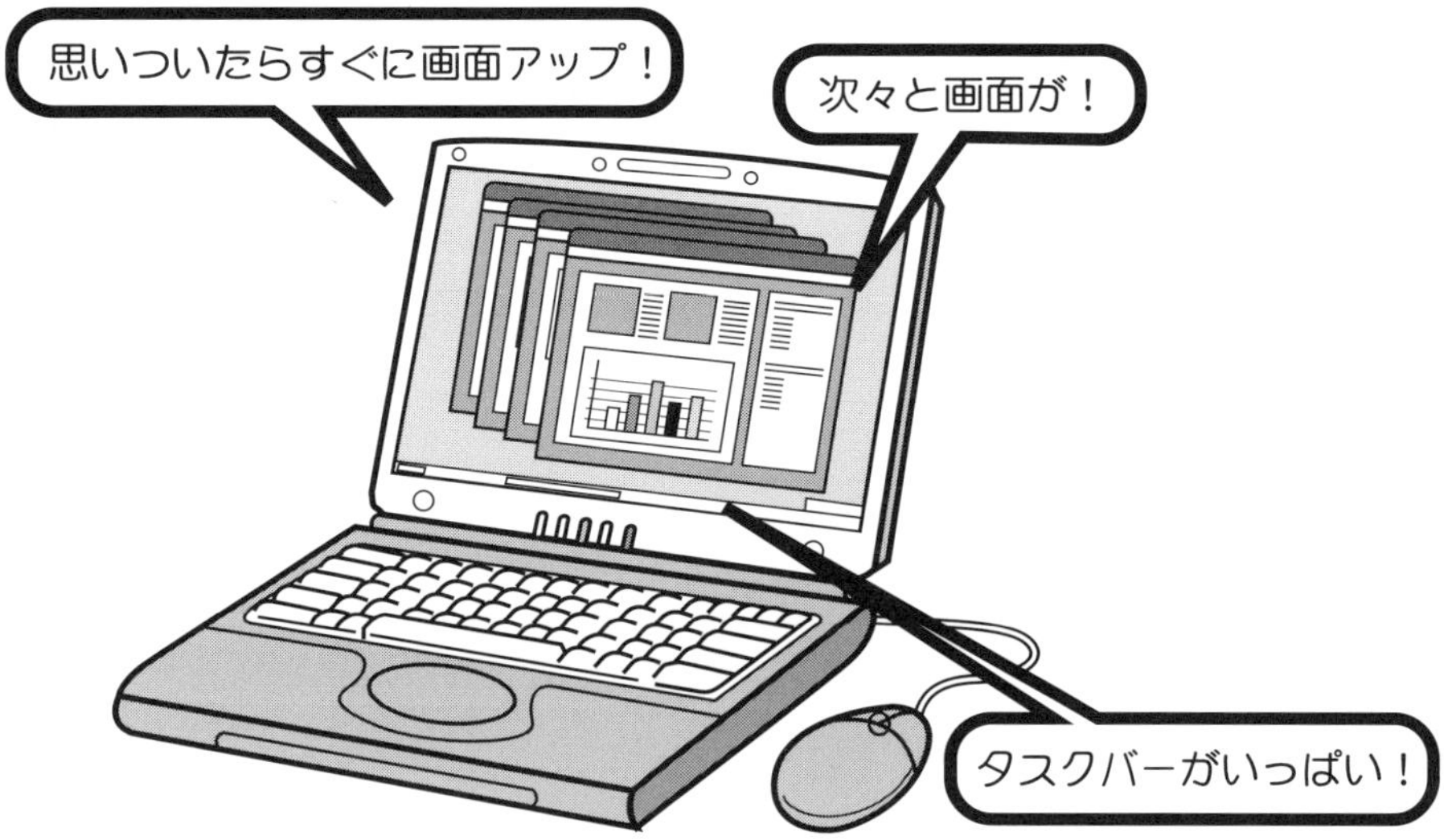
思いついたらすぐに画面アップ！
次々と画面が！
タスクバーがいっぱい！

【デスクは３つ持て！】

仕事A
仕事C
並列処理
仕事B
仕事Dのみ
クリエイティブな作業
他人の声
集中作業

成功者になる方法を知ったあなたなら、あとは売るだけだ。何を売るかも決まっているって？　しかしどんなものでも「売り方」を間違えたらダメ。失敗して借金を抱えるのは怖いよね？　できればおいしい儲け方がしたいよね？　だったら最後にこの「仕掛け」の研究だ！

儲かる商売は、タイミングがすべて！

――この「S字カーブ」にのせれば成功する！

■あらゆる産業には「導入期」「成長期」「成熟期」がある

どんなビジネスでもそうだが、その市場に参入して成功するためには「タイミング」をよくよく見抜くこと。一歩でもタイミングを間違えて仕掛けてしまったときは、まず成功するのは難しい。

では、どんなタイミングで仕掛けるのが一番いいか。左ページを見てみよう。

どんな市場でも、最初の「導入期」があり、次に市場がどんどん拡大していく「成長期」、最後に「成熟期」がやって来る。Sの文字に似ているところから「S字カーブの原則」と言ってもいい。

仕掛けていいタイミングは、この中の「成長期」である。導入期と成熟期に仕掛けて成功できる人間はよほどわずかと言っていい。

導入期の段階で仕掛けをしても、あまり知られていない商品なので広告費がかさんで大変だ。成熟期も、市場全体が飽和状態のライバルだらけでは遅い。価格も下落して苦しむ。

その業界が本当にどの段階なのかを見極めることは結構難しい。たとえば、数多くの百貨店が乱立しているからといって、それですぐに成熟期と判断するのは早計。

なぜなら、東京新宿の百貨店はどう考えても成熟期と思われていた。しかし、高島屋が参入してきたことで、逆に新宿の百貨店全体が活性化された。

今から携帯ショップを起こしても遅い、というのは誰でもわかるだろう。ではカギの店は？　カフェはどうだろう？　このあたりになると、ちょっと判断が難しくなってくる。左の図に、あなたが考えている業態はどこに入るか、冷静に書き込んでみてほしい。

■「導入期」の準備なくして「成長期」の参入は無理！

一方、忘れないでいただきたいのは「成長期」が市場参入のタイミングではあるが、成長期になってから参入の準備を始めても遅い場合もあるということ。**導入期に準備しなければ、遅れてしまう業界もある。**

たとえば０１２０のＮＴＴ「フリーダイヤル市場」というものを考えてみよう。日本でフリーダイヤルと言えば、企業が顧客サービスの一環として番号を取っている程度だが、海外では個人ベースでフリーダイヤルを気軽に活用している。おじいちゃん、おばあちゃんが、孫のためにフリーダイヤルの番号を取って、孫だけにその番号を教える。孫は、電話代を気にしないでいつでも好きなだけ電話をかけてこられるわけ。

日本でも、いずれそういったフリーダイヤル市場が根づくかもしれない。だとしたら、いま準備をしておくしかない。覚えやすい番号を揃えておく、特徴的な番号をあらかじめ取っておく、といった下準備をするわけだ。これは実際に、ある成功者がすでに手をつけていることだ。

現在のフリーダイヤル市場はまだ導入期。しかし成長期に市場参入するのであれば、いまから準備は当然。実際、フリーダイヤル市場はいつ成長期に転換するかわからない。業界の特性として突然爆発的に成長を始めることが多い。このような場合には、敏感なアンテナにかかったものを、いま準備する。

【仕掛けのタイミングはここ！】

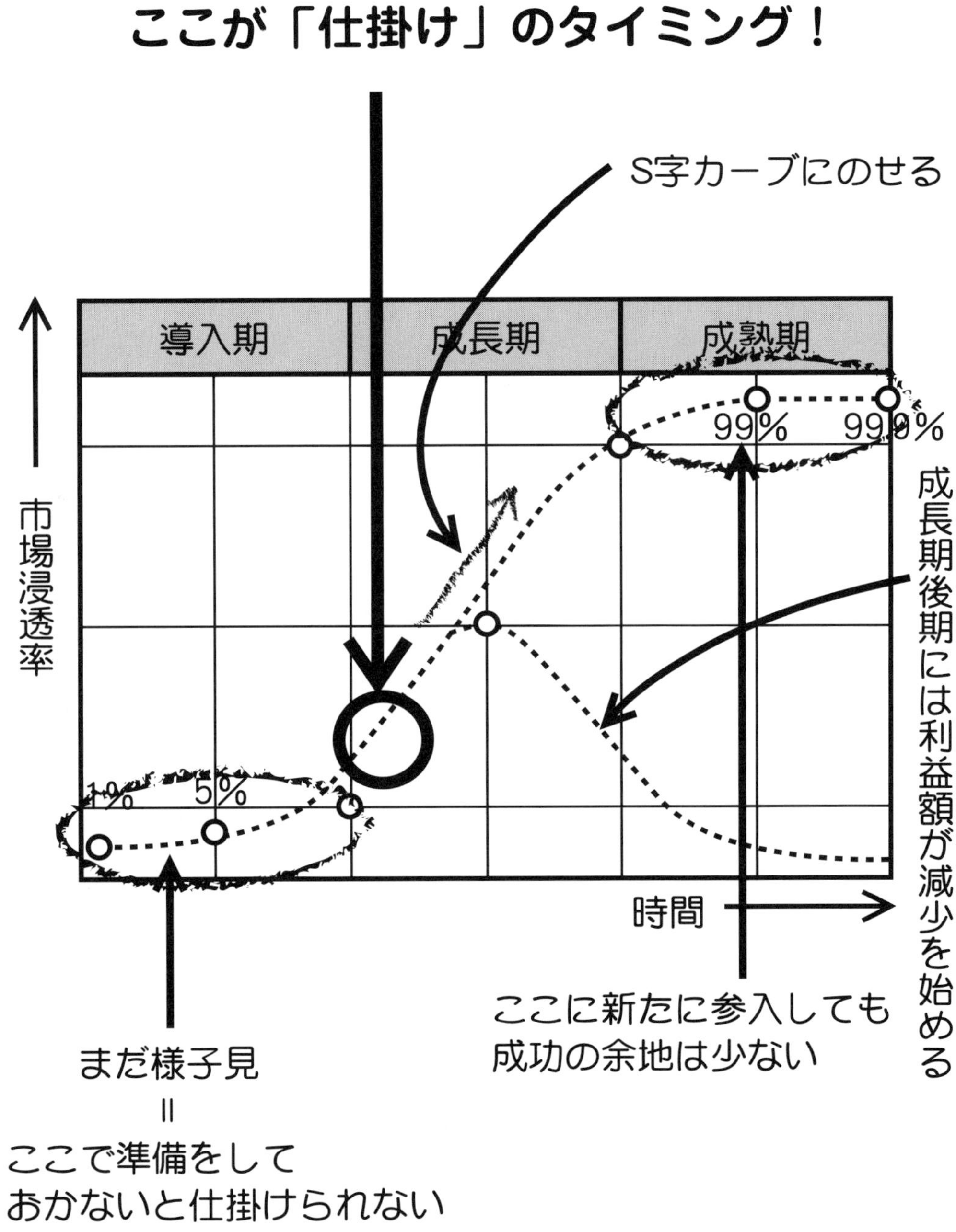
ここが「仕掛け」のタイミング！
S字カーブにのせる
導入期
成長期
成熟期
市場浸透率
1%
5%
99%
99.9%
時間
成長期後期には利益額が減少を始める
まだ様子見
=
ここで準備をして
おかないと仕掛けられない
ここに新たに参入しても
成功の余地は少ない

参考文献「60分間・企業ダントツ化プロジェクト」（ダイヤモンド社）

「売り方」がよければ必ず儲かる

――文房具屋から「東急ハンズ」「アスクル」へつなぐ

"ダブルS字"の可能性を探れ！

S字カーブの導入期と成熟期については、仕掛けるタイミングではないと前の項目で述べた。

しかし、実をいうと成熟期に関しては例外がある。いったんS字カーブを描いて、成熟してしまった業界でも、その上にもう一つのステージが来るからだ。「ダブルS字カーブ」と言ってもいいだろう。

たとえば、文房具業界。街の文房具店を見るまでもなく、文房具業界は半世紀前からすでに成熟産業だった。ところが30年近く前、新しいカテゴリーとして登場したのが「東急ハンズ」だ。東急ハンズの成功から「ロフト」なども登場して新しいS字を描いた。

そして10年前、インターネットの普及とともに登場したのが「アスクル」だ。アスクルも文房具業界に新しいカテゴリーをつくった。さらに最近では、１００円ショップが文房具業界に新しいS字を描くかもしれない。

こうした新しいS字が描ければ、またその部分は成長期になる。だって考えてみよう。東急ハンズにしろ、アスクルにしろ、１００円ショップにしろ、そこで扱っている商品は、昔からある実にアナログなものがほとんどだ。釘、板、ペン、紙、カゴ……。売り方だけで、仕掛けだけでダブルS字カーブをつくった非常に分かりやすい例だろう。

何を売るかより どう売るか

たとえば、現在のドラッグストアも新しいダブルS字が形成される業界として注目していい。いままでのようにいわゆる「薬屋」というのは生き残りが難しい。しかし逆に考えれば、新しいやり方を打ち出せれば成功する。薬事法があるために、文房具ほど簡単にはいかないかもしれないが、薬事法の対象外のサプリメントを専門に販売する店舗、製薬会社の特許が切れた格安の薬を中心に販売する専門店、という方法もあり得る。

１００円ショップ版のドラッグストアなんていうのも面白いかもしれない。通常価格の５分の１、６分の１といった「ゾロ品」を売るわけだ。先ほどのアスクルも、オフィス用品といっても文房具だけではなく、食品やドリンク類も扱っている。薬事法に変化があれば常備薬のようなものをもっと扱える。言ってみれば何でも揃う。マツモトキヨシもしかり。コンビニでも栄養ドリンクなどが売られている。ただ漫然と売っていた街の薬屋は消えていかざるを得ないだろう。

もう一つ、何を売るかよりも「どう売るか」のノウハウで成功している会社の話をしよう。有名な「ガン保険」を、いまどこが一番売っているか知っているだろうか。はじめ市外電話の取次でスタートし、次にＯＡ機器を売り、コピー機を売り、携帯電話を売り、レンタルサーバー事業などを経てきた有名なベンチャー企業の子会社である。

これらすべて「人海戦術」で売ってきたのだ。そのベンチャー企業は、何を売るかよりも、人海戦術という特有の売り方ノウハウで売れるものを売っているわけだ。

自分がいままで培ってきたスキルを、違う形、いままでにない形で提供していく。そこに大きなビジネスチャンスがある。アイデア一つだから面白いのだ。

【もう一度成長産業にするには】

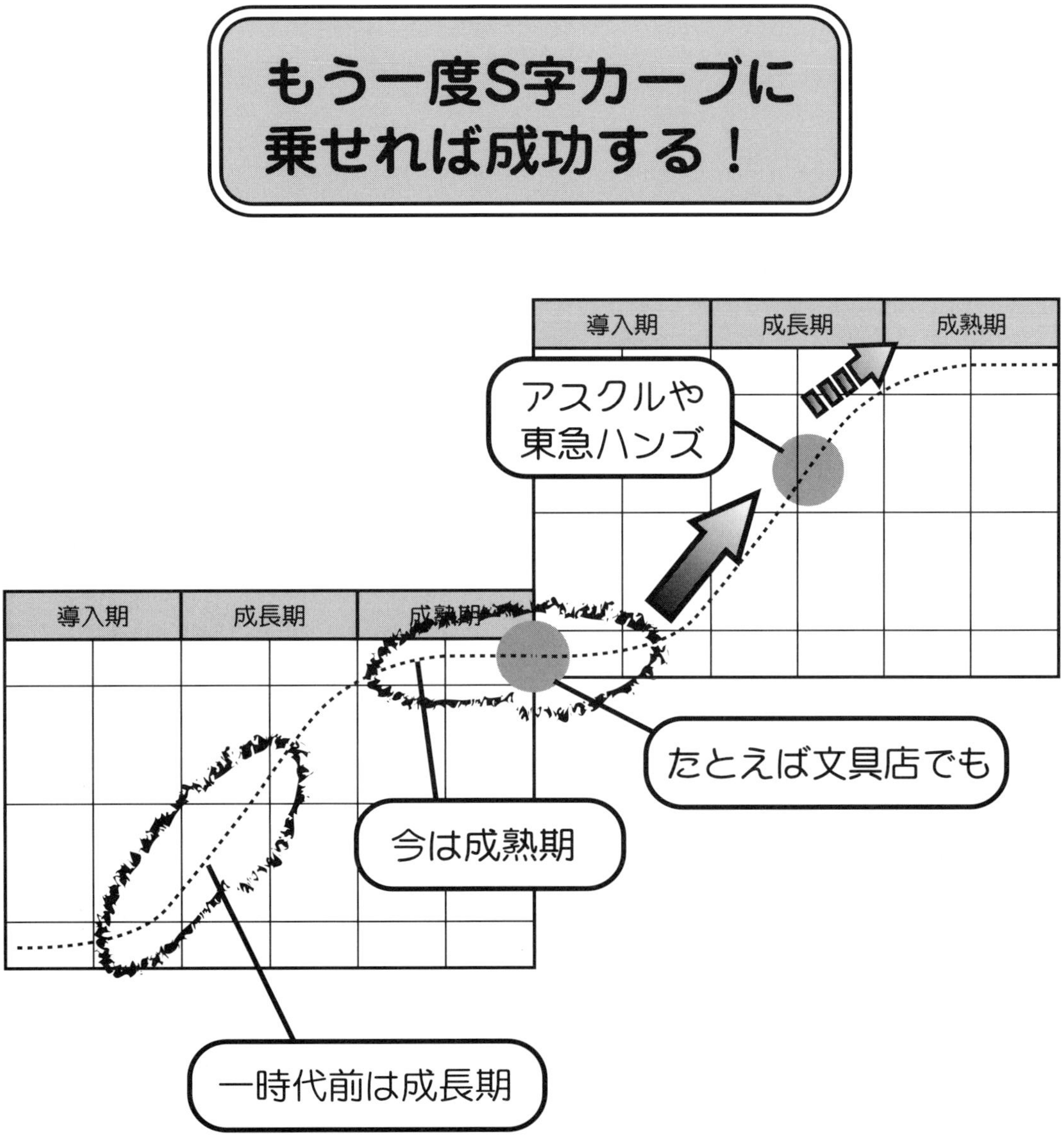
もう一度S字カーブに
乗せれば成功する！
導入期
成長期
成熟期
アスクルや
東急ハンズ
導入期
成長期
成熟期
たとえば文具店でも
今は成熟期
一時代前は成長期

参考文献「60分間・企業ダントツ化プロジェクト」（ダイヤモンド社）

仕入れる前に、売ってしまう!?

——つくる前に宣伝する、逆の発想で成功する方法

小資本でのビジネスはリスクを最小限に抑える!

大資本でビジネスを立ち上げれるのであれば、仕掛けは王道を行ってもいい。普通のビジネスを展開しても十分に成功するチャンスはある。

しかし、小資本でスタートするビジネスの場合、そうはいかない。普通のことをやっていたのでは成功しない。王道を行くとどんなリスクがあるかと言えば、在庫を抱えてしまう、人を抱えてしまう、といったものが大きい。

支払いが発生するということ自体、小資本の経営者にとってはリスク。こうしたリスクを最初のうちは、最小限に抑える工夫をしなければいけない。それが、小資本ではじめるビジネスの鉄則だ。

では、具体的にどうすればいいのか。たとえば「逆から」仕掛けていく方法がある。もちろん法律に抵触しないやり方でなくてはならないが、何もバカ正直に正統派でいることはない。あなたがある商品を売りたいと考える。しかし未知の商品で、どの程度の需要があるのか、どんな人間が買うのか、皆目見当もつかない。そんなケースもあるだろう。

そんなときには、まず最初に宣伝してしまう。試しに広告を出して、ある程度の注文が揃ったところで初めて商品をつくるのだ。

１００本の注文があったら、とりあえず１００本つくってみて、また同様の広告を出してみる。

今度は３００本のオーダーがあった。ここではじめて行けそうだと判断して、大量発注し、広告も大きく展開していく。こういった段階を踏んでいくことで、リスクを最小限に抑えることができるわけだ。

大きいところでは、デルコンピュータが、こういった手法を取り入れているので有名だ。

徹底的に「まず入金」にこだわれ!

あるリフォーム業者は、受注したらまず着手金で仕入れをし、途中に中間金を取り仕入れをし、というように「まず入金」にこだわる。リスクを避けるためなのは言うまでもないが、結果的にお客と信頼関係のあるいい仕事ができるのも事実だ。

ガンダムの「シャー専用パソコン」なんてものも最近売り出されたが、それも同じようなことだ。このコンセプトで商品をつくってみたいが、どれだけ注文が集まるか予想がつかない。どんなタイプのお客が買うのかもよく分からない。そんなときにも、まず先に営業をかけてしまう。

多くの注文があれば、売れることが判っているわけだから、今度は安心して商品を製造できるし、工場ラインも押さえられる。

これも、リスクを最小限に抑える一方法と言える。前にも述べたが、月収２００万円までは法に触れない範囲でがむしゃらにやらねばならない。余裕をかますのは、それからでいい。

とにかくまず入金だ。

最もダメなのは、売れるのか売れないのか判断もつかない段階で、セット物とかシリーズ物にして売ろうというビジネス。前述したようにたとえば36本セットで売りたいなら最初は6本セットで売っていく。残りは動きを見てからつくってもいいということをお忘れなく。

【"逆から"仕掛けよ】

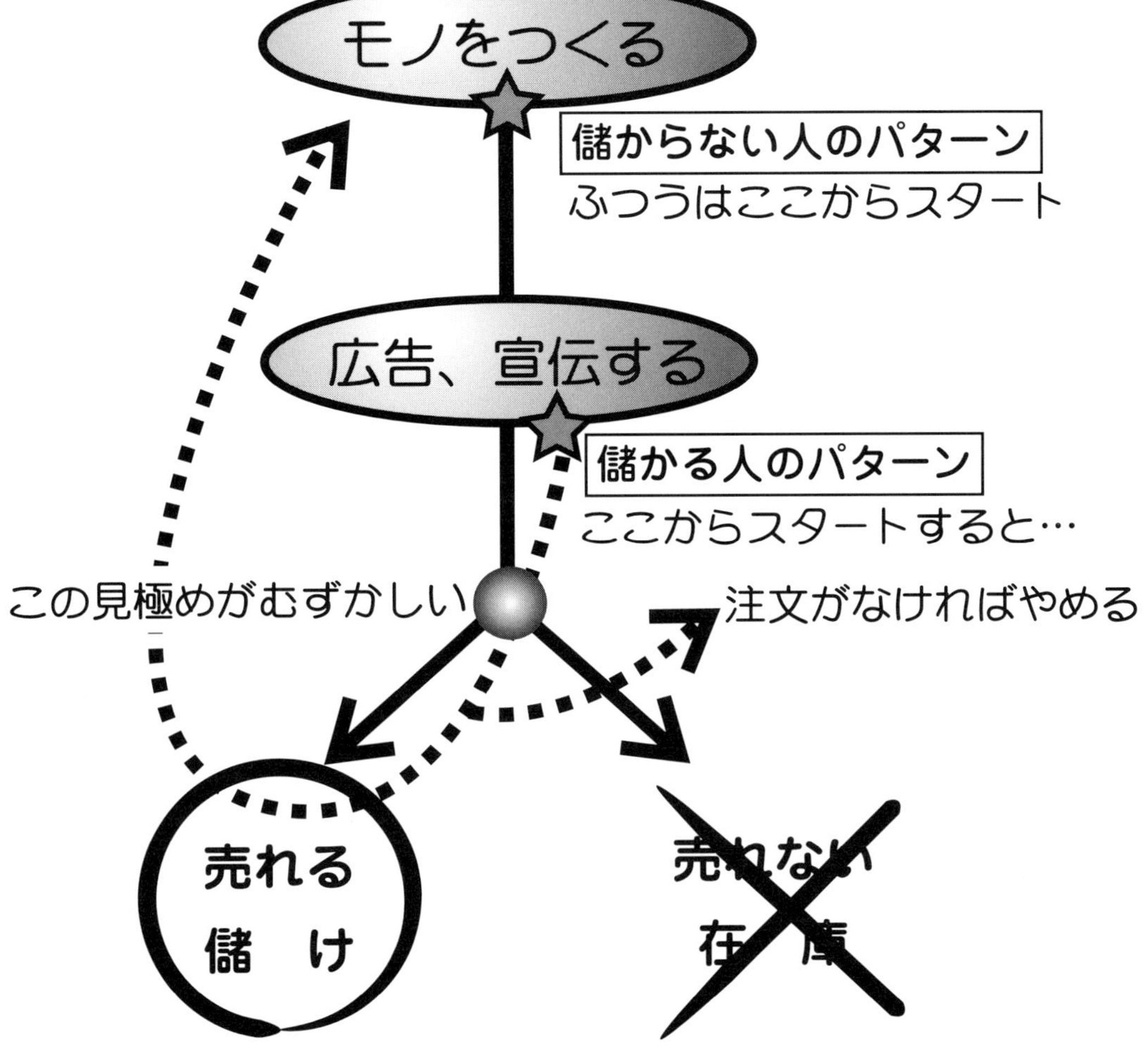
モノをつくる
儲からない人のパターン
ふつうはここからスタート
広告、宣伝する
儲かる人のパターン
ここからスタートすると…
この見極めがむずかしい
注文がなければやめる
売れる
儲　け
売れない
在　庫

【とりあえず入金！の確認システム】

13	15--1-31	振込		*52,500	*4,502,792*
14	15--1-31	振込		*52,500	*4,555,292*
15	15--1-31	振込		*52,500	*4,607,792*
16	15--1-31	振込		*52,500	*4;660;292*
17	15--1-31	振込		*47,250	*4,707,542*
18	15--1-31	振込		*52,500	*4,760,042*
19	15--2--3	振込		*52,500	*4,812,542*
20	15--2--3	振込		*52,500	*4,865,042*
21	15--2--3	振込		*52,500	*4,917,542*
22	15--2--3	振込		*52,500	*4,970,042*
23	15--2--3	振込		*52,500	*5,022,542*
24	15--2--3	振込		*13,400	*5,135,942*

確実な入金があってから商品製造！

サービスは“非常識”に仕掛けよ！

——エルメスも、金龍ラーメンも「ありがたがらせる仕掛け」で成功

お客さんは貴重なものが好き

大阪の**金龍ラーメン**に行ったことがあるだろうか。いつ行ってもすごい行列ができている店だ。お客を待たせても全然平気。おまけに水は自分でくめと言う。

ここに限らず、ラーメン屋などでは、こういう対応をするところが結構あって、しかも人気店だったりする。なぜだろう?

ズバリ言って、お客さんというのは、ありがたいものが好きなのだ。**商売を考えるとき、何も威張る必要はないが、「ありがたがらせる仕掛け」は効果的だ。**

もちろん金龍ラーメンの店主にしたって、お客さんに感謝しているに違いない。

しかし実際に時間も人手もスペースも足りないなら、そこは無理せず割り切って、逆の発想をした方がいい。無理してアルバイトを増やして人件費に悩むより、「サービスの悪さ」を売りにしてありがたがらせる。

もう一つ、我々がついありがたがってしまうものに「限定品」がある。あるいは「最後の一個」というやつだ。あれ、一日中補給している店があるって知ってました? 我々の知り合いが先日、いい靴を見つけて、最後の一足とあったので迷わず買ったら、翌日には同じモノが同じ文句で売られていたということがあった。これなどは、商売の上手い店がよくやる方法だ。

「日時の限定品」という手法もある。パチンコ店が年柄年中「新装開店」して、花輪を飾っているのは、あれを見ただけで「出そう」という心理が客に働くからだ。

高級感を売りたいならもう一つの仕掛け

さて、お客の心理は複雑で、ただへつらってくればいいというものではないのは、金龍ラーメンの例でも分かった。では、ちょっと「高級店」について考えてみよう。

高級ブティックでバッグを買おうと店に入ったら、さすがに丁寧な対応を受けるだろう。しかし、そこにはやはり「ありがたい感じ」が上手に演出されている。

たとえばエルメスで、店員が手もみしながら近づいてきて「買ってくださいよ」なんて言ったら、一気に価値はさがってしまう。そんな店で買いたい客はエルメスに来ない。客は丁寧な対応を受けながらも、やはりここで「3カ月待ち」などの予約を入れて、ありがたいバッグを心待ちにするのだ。

では、商品ではなく、サービスを売っている業種ならどうだろう。ホテルなどの業種では、これまたある意味「非常識」なサービスが必要になってくる。

たとえば**福岡のシーホークホテル**。お客をくすぐる一言をどんどん言ってくる。入り口でベルボーイが「いつもご利用ありがとうございます○○様」と個人名で声を掛け、部屋に案内するときには「○○様、今回は何回目のご利用ですか?」と聞いてくる。「今回ご利用いただくのは初めてですか?」と聞いてこない。この違いは小さいことのようで、案外考え抜かれていることだ。社長の方針が徹底しているからでもあろう。

あなたがどんな分野の仕事を考えていたとしても、これら形は違うが「サービスの仕掛け」を考えて損はない。

【ありがたい仕掛けの方法】

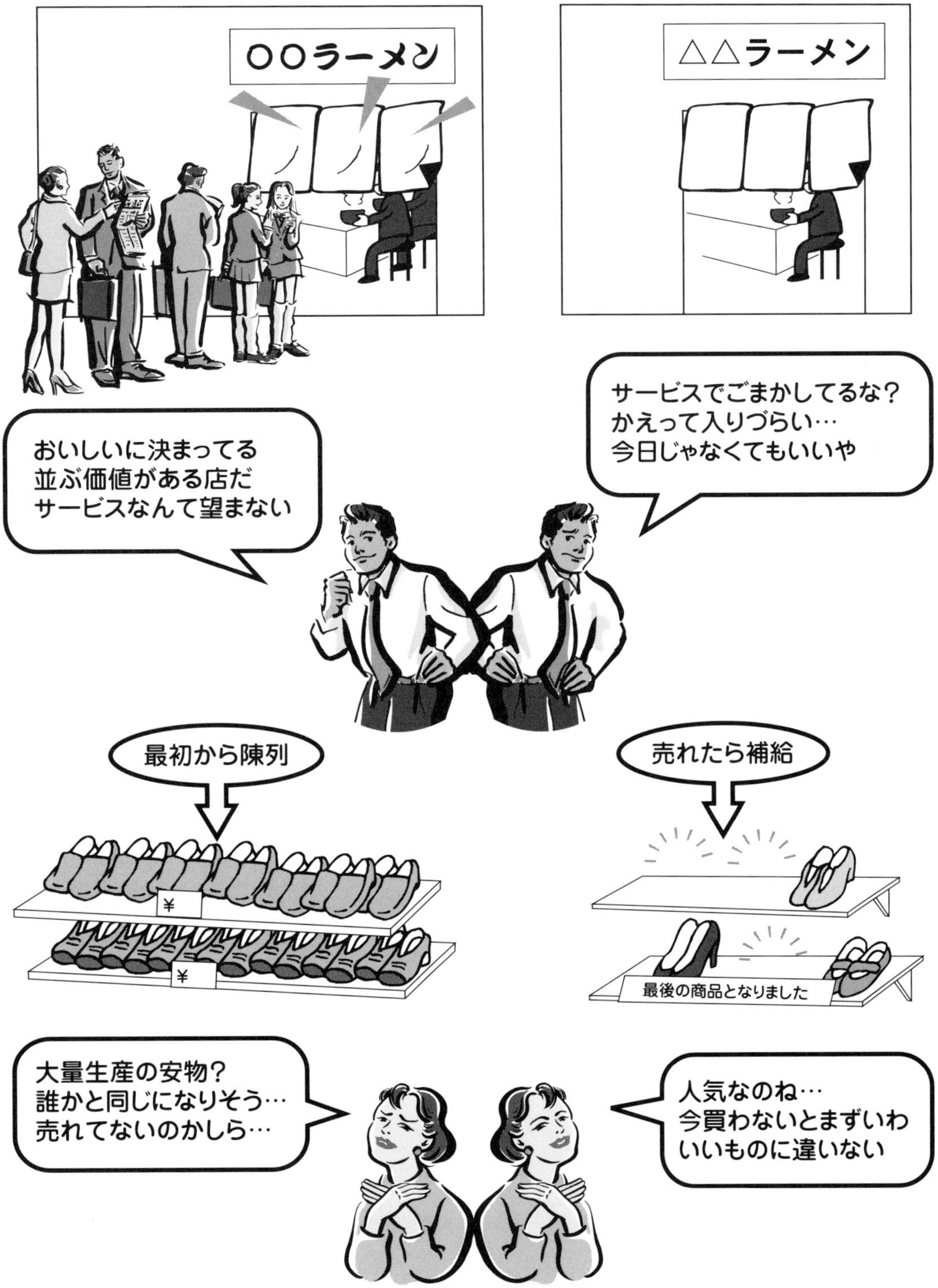
○○ラーメン
△△ラーメン
おいしいに決まってる
並ぶ価値がある店だ
サービスなんて望まない
サービスでごまかしてるな?
かえって入りづらい…
今日じゃなくてもいいや
最初から陳列
売れたら補給
最後の商品となりました
大量生産の安物?
誰かと同じになりそう…
売れてないのかしら…
人気なのね…
今買わないとまずいわ
いいものに違いない

「自働化」させれば、儲けの連鎖が!

――あなたがいなくても儲かる仕組みをつくる

こだわりを捨て発想一つで儲ける

起業が成功したとして、そこから大儲けと言えるほどに発展させるためには「自働化」が必要になってくる。あるいは、どんな仕事でも少しでも「自働化」の方向を向いていた方が、可能性が広がって楽しい。

「自働化」とは、あなた以外の人に動いてもらうことだ。あえて人偏のつく「働」を用いているのはこういう意味だ。

「自働化」つまり人を上手に使って成功するための必須事項を説明する前に、まず、どんな仕事でも頭一つで「手をかけずに儲ける方法がある」のだという話をしよう。

まず左の図を見てほしい。右上の色の付いたゾーンが一番おいしいゾーンなのだが、どうやったらここにたどりつけるのだろうか。あるいは近づけるのだろうか。

自働化が難しそうに思える業種を例に考えてみよう。

たとえばウェブデザイナーのようなクリエイティブな仕事は、自分で作品をつくるしかないのだから難しそうだ。あるいは、ずっと地元でやってきたクリーニング店などもいまさらフランチャイズなど難しそうだ。こんなとき「だから地道にやっていくしかない」と決め込まないでほしい。

大きいことをしないでもいいのである。たとえばウェブデザイナーだったら、ウェブそのものをつくるのではなく「儲かるホームページの見本集25（メールマガジンひな形20セット付き）」なんていうものを売ったらどうだろう。

クリーニング店だったら、クリーニングをするのではなく「凄く汚れが落ちるプロが使う洗剤をご家庭で」と売ったらどうだろう。あるいは、あの便利そうなアイロン台はどうだ？

こういう発想一つ持つだけで、儲けのヒントはあちこちにある。しかも、こんな方法なら安心して始められる。

「自働化」を成功させた人々のハウツーとは？

さて、本来の「自働化」について話そう。この形の最たるものはフランチャイズだろう。フランチャイズで成功したトップはマクドナルドだろうか。マクドナルドと言えば、「マニュアル」である。

たとえフランチャイズなど大きな展開をしなくても「人に動いてもらって儲ける」ために絶対必要なのは、キャッチフレーズとマニュアルである。キャッチフレーズとは、ちょっと難しく言えば、経営者の意思、企業文化をきちんと伝えるということ。そして、それに則したマニュアルがあれば現場はちゃんと動いてくれる。

マニュアルは「印刷物」ばかりと思わないこと。ある成功者は、実際の仕事現場でのやりとりをテープに録音して従業員に聞かせている。印刷されたものを読むよりも、ずっと臨場感があって、マニュアル機能が高い。

とくに「クレーム対応」については重要だ。クレーム処理で失敗すると、本人が落ち込むのはもちろんのこと、結局上の人間が出ていかなければならなくなり、「自働化」が遠のくわけだ。クレームに関するマニュアルをテープで繰り返し聞かせると効果が高い。マニュアルはまずクレーム処理から、と覚えていてほしい。

【あなたの仕事をどう発展させる？】

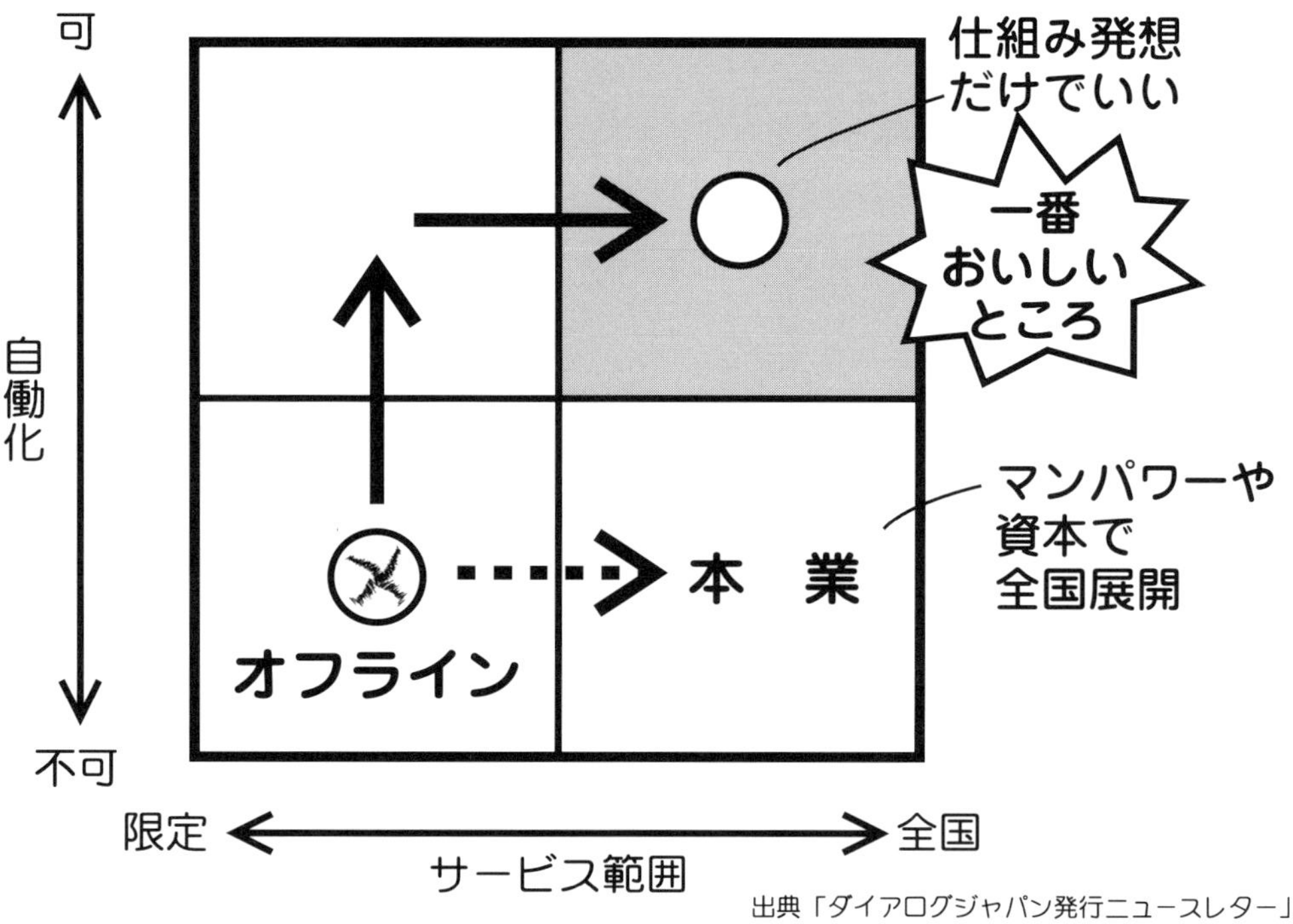

出典「ダイアログジャパン発行ニュースレター」

【こんな自働化もある!】

「真面目にコツコツ」がばかばかしくなる話

——ネットによる自動化で良質の顧客を選別する？

インターネットは自動化に最も向いている！

さて、最後にいよいよ「自動化」について話そう。自動化に最も適しているビジネスツールは、言うまでもなくインターネットだ。インターネットそのものが、自動化を前提にしてつくられたツールと言っても過言ではない。この自動化を成功させることができるかどうかが、今後のあなたの「大儲け」の運命を決めると言ってもいい。

地場の商店などなら、どんなに頑張っても、半径5～10㎞ぐらいの商圏しか相手にできない。それに比べれば、インターネットは最初から日本全国、さらに世界が相手だ。つまり、自動化の「仕組み」さえつくってしまえば、いきなり全国相手のビジネスがその場で成立することになる。

具体的には、どんなビジネスができるのだろうか。たとえば、ある商品をネットで販売するとしよう。**最初に「見込み客」に対してメールや無料サンプルの配布を通して、いわゆる餌を撒く。**

ポップアップ登録フォームや自動配信メールを使って、関心を示した（餌に食いついてきた）顧客にフロント商品の購入を勧める。これがいわゆる「一見客」だ。

ここで終わってしまう顧客も当然いるわけだが、なかには次の商品を購入してくれる「得意顧客」もできる。メールマガジンやニュースレターを使って、常に新しい情報を提供する。さらに、次から次へと買いたくなるような「仕組み」を用意しておく。すると、どうだろう。頻繁に商品を買ってくれるようになる。これが「上得意客」になる。

つまりネットを通して、一見客から上得意客まで、自然に顧客の選別が行われたことになるわけだ。その間、無料メールだのサンプル配布は日々機能し、新しい見込み客を吸い上げていく。ニュースレターやメールマガジンで得意客、上得意客を選別し続ける。

一度つくってしまった自動化の仕組みは、ずっと機能し続けているわけで、あなた自身の負担は時々のチェックだけでいいことになる。しかも、インターネットの場合、サーバーにアクセスするだけで、その結果がわかる。あなたがオフィスにいようと、営業中であろうと、ハワイでバカンスをしていようと、南極に旅行に行っていようと、温泉に入っていようと、フィットネスクラブで汗をかいていようと、インターネットに接続する環境さえあれば、ちゃりんちゃりんとお金が入ってきているのか、それとも、機能していないのか、それがわずか数十分で分かるというわけ。

そうなると、売れた商品の利益がどんどんたまっていくことになり、ここに「儲けの連鎖」が確立したことになるわけだ。

ネット以外のビジネスは、遠いところにいる顧客をつかもうとすると、大変な労力と資本が必要になる。その点、ネットに距離はない。この事実を把握したところから、新しいビジネスが始まるケースもある。儲けの連鎖をつくるヒントはあちこちに転がっている。

ドメインで儲けるインターネットの裏技

インターネットは新しいビジネス業態であり、ちょっとした先見性があれば、大儲けできてしまう

【自動化は上客を増やす】

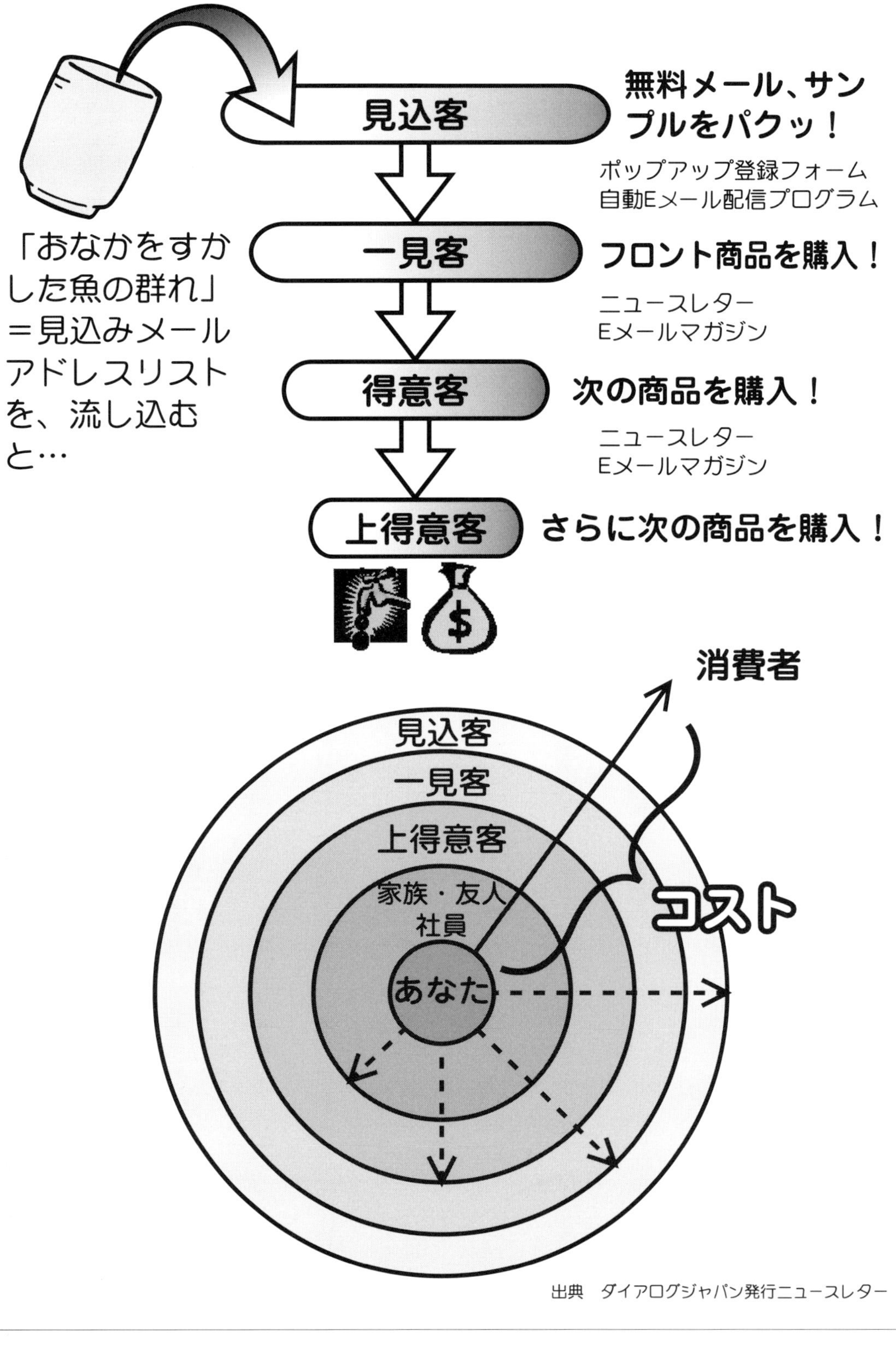
見込客
無料メール、サンプルをパクッ！
ポップアップ登録フォーム
自動Eメール配信プログラム
一見客
フロント商品を購入！
ニュースレター
Eメールマガジン
得意客
次の商品を購入！
ニュースレター
Eメールマガジン
上得意客
さらに次の商品を購入！
「おなかをすかした魚の群れ」＝見込みメールアドレスリストを、流し込むと…
消費者
見込客
一見客
上得意客
家族・友人
社員
あなた
コスト

出典　ダイアログジャパン発行ニュースレター

世界でもある。

たとえば「ドメイン取得」で大儲けする方法がある。いくつか例を紹介すると、健康食品の一種に「アガリクス」というのがある。正式名称はアガリクスなのだが、なぜか半分くらいの人は「アガリスク」だと思っている。

そこで、あえて間違っているアガリスクでドメインを取得してしまう。「アガリスク.com」を、たとえば大手の製薬会社に、その現状を説明してドメインを買ってもらうとか、つくったサイトを活用してもらうビジネスが成立する。

アガリクスをインターネットで検索した人が、間違ってアガリスクと打ち込んでしまうために、ほとんど主要なサイトに行けない。しかし製薬会社は、アガリスクでドメインなんか取っていないからビジネスになる。

一方、「アントレプレナー」という起業家を意味するドメイン取得のケースもある。取れるわけがないと思っていても、なぜか空いていたりする。ドメインの取得や管理は、せいぜい数千円の世界。この種のドメインを持っていれば、いずれ役にたつ。これがドメイン・ビジネスというやつだ。

「フリーダイヤル.Com」で1億円の儲け？

ドメイン・ビジネスでの儲けはまさに閃きだ。たとえば「フリーダイヤル・ドットコム」も最近、高い価格がついている。特殊なアドレスをあらかじめ取得して、そこにいろいろ付加価値をつけて提案する。それだけで1億円で売れたケースもある。

真面目にコツコツ働いているのがばかばかしくなる話だが、本当にあった話だ。

大切なことは、チャンスは誰にでもあるということ。あなたもドメイン一つで億万長者になれるチャンスを持っている。

こんなケースもある。あるサービス、たとえばクレジットカードとかパソコンとか、そういう名前に「ne.jp」をつけたドメインを取得しておく。そして、その業界に関する情報提供サイトを運営する。カード会社やパソコンなどの正式なドメインとちょっと違うだけだ。だから多くの人がやってくる。そのうちに「こういうホームページを運営していますが、広告を入れてくれませんか」という形で売り込みに行く。あるいは、リンクを張ってもらうように提案するのだ。タイミングが合えば、こういうホームページでビジネス展開することも「あり」だ。場合によっては断られるケースも当然ある。

ドメインは、いわば登録商標みたいなもの。これも一つのビジネスと考えれば、リスクもあるし、場合によっては訴訟になるケースもある。しかし、そういったリスクを回避しながら、うまく折り合いをつけてやっていく方法も必ずある。

ちょっとした閃きと工夫で、ビッグチャンスになるのだ。

「ホーム」にちょっと工夫するだけ

また、ホームに細工をして、会員登録ページに飛んでしまったり、注文ページのフォームに行くようにしてしまう。ホームをクリックしたら、資料請求のページに行ってしまった、そんな経験をした人も少なくないはずだ。

そんな単純な細工で、儲けが飛躍的に伸びる場合もある。現実に、あるクレジットカードのサイト(http://www.visacreditcards.com)を見ていると、自然にそれぞれのカード会社のホームページに飛んでいって、そこでカードの申し込みができてしまう。このサイトは、カード会社のオフィシャルなサイトではないが有効性が高かったために提携しているわけだ。これなどは先に紹介した「自動化」の典型的なケースだ。

この仕組みさえつくっておけば、自分は何もしなくても、実績に応じて月商300万円とか、週に100万円とかが入ってくる。しかも、ほとんどがコミッション収入なので、支払いゼロ、ほぼ100%の利益！というビジネスだ。

この仕組みをつくった人の凄いところは、そのドメインをクレジット会社が考えないところでとってしまったことだ。まさに頭一つの勝ちだが、こうしたチャンスはすべての人に平等にある。

あなたにも成功できるチャンスはいつも与えられている。よく周りを見渡してみよう。

【ドメインで儲けるには】

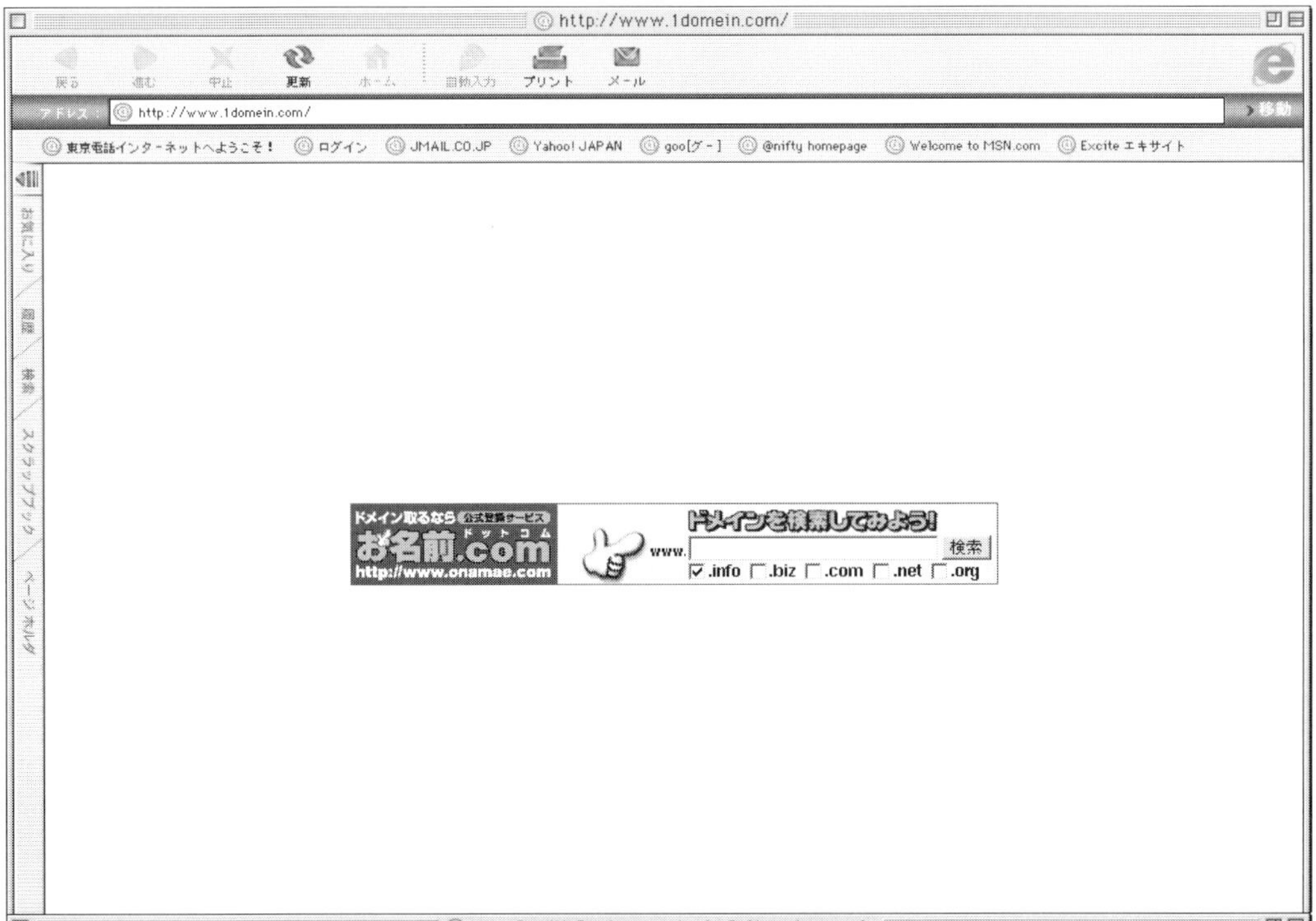
http://www.1domein.com/
戻る 進む 中止 更新 ホーム 自動入力 プリント メール
アドレス http://www.1domein.com/ 移動
東京電話インターネットへようこそ！ ログイン JMAIL.CO.JP Yahoo! JAPAN goo[グー] @nifty homepage Welcome to MSN.com Excite エキサイト
お気に入り 履歴 検索 スクラップブック ページホルダ
ドメイン取るなら 公式登録サービス
お名前.com
http://www.onamae.com
ドメインを検索してみよう！
www. 検索
.info .biz .com .net .org

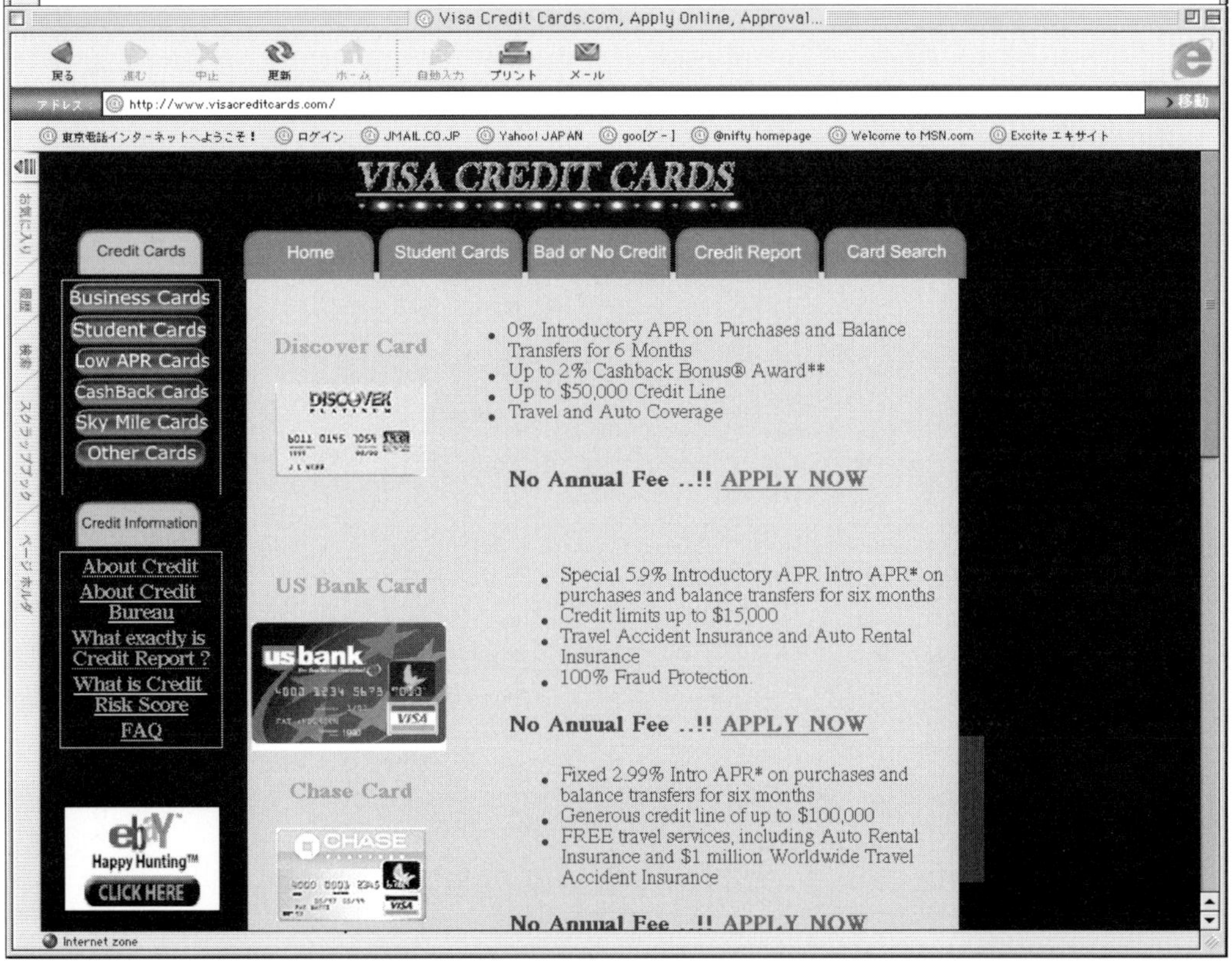
Visa Credit Cards.com, Apply Online, Approval...
戻る 進む 中止 更新 ホーム 自動入力 プリント メール
アドレス http://www.visacreditcards.com/ 移動
東京電話インターネットへようこそ！ ログイン JMAIL.CO.JP Yahoo! JAPAN goo[グー] @nifty homepage Welcome to MSN.com Excite エキサイト
VISA CREDIT CARDS
Credit Cards
Home
Student Cards
Bad or No Credit
Credit Report
Card Search
Business Cards
Student Cards
Low APR Cards
CashBack Cards
Sky Mile Cards
Other Cards
Credit Information
About Credit
About Credit Bureau
What exactly is Credit Report ?
What is Credit Risk Score
FAQ
Discover Card
0% Introductory APR on Purchases and Balance Transfers for 6 Months
Up to 2% Cashback Bonus® Award**
Up to $50,000 Credit Line
Travel and Auto Coverage
No Annual Fee ..!! APPLY NOW
US Bank Card
Special 5.9% Introductory APR Intro APR* on purchases and balance transfers for six months
Credit limits up to $15,000
Travel Accident Insurance and Auto Rental Insurance
100% Fraud Protection.
No Anuual Fee ..!! APPLY NOW
Chase Card
Fixed 2.99% Intro APR* on purchases and balance transfers for six months
Generous credit line of up to $100,000
FREE travel services, including Auto Rental Insurance and $1 million Worldwide Travel Accident Insurance
No Annual Fee ..!! APPLY NOW
ebY Happy Hunting™
CLICK HERE
Internet zone

まとめに代えて「デフレ」の生かし方

いかがだったろうか？　パラレルワールドの扉をちょっと開いて覗いてみた感想は。楽しい世界が存在しそうな感じは伝わっただろうか。

我々がいまこの本を書いたのは、まさに不景気だから だ。「デフレ」まっただ中だから。起業する最高のチャンスだからだ。本当に優秀な成功者っていうのは、景気に左右されずに成功していく。

好景気のときっていうのは、無責任な本がいっぱい出るものだ。やれ、すぐにでも独立しろとか、投資をしないようじゃバカだとか。そりゃそうだ。好景気のときなら普通にやってれば「一瞬」うまくいく。「とりあえず」うまくいく。でも、その後世の中がデフレにでも陥ればどうなるか？　説明するまでもないよね。現在とんでもない債務を背負ってしまっている人々は、ほとんど超好景気のときに起業したり、業務を拡大した。そのつけを生涯払い続けることになっている。

では逆に、いまならどうだろうか？　不景気ではモノも売れないからダメだなんて、ここまで読んできた読者なら言わないよね。いまこそチャンスだと分かることだろう。それに、デフレの時代に起業して成功したならば、まずどんな状況になっても儲けを出せる。

ちょっと、デフレのときに起業する利点をあげてみようか。

まず、事務所の家賃が安い。

デスクも安い。その他、必要なものがすべて安い。

いい人材が雇える。有名大学を出て、好景気ならＩＢＭに行った人が、あなたの仕事を手伝ってくれるかもしれない。

ライバル会社も弱っている。

まだまだある。いっぱいある。

でも、一番いいこと、そして大切なことは、コインの裏側に気づけることだ。

何度も言うようだが、好景気のときは、コインの表をやっていれば一応成功できる。それは、あくまで一応であり、その後に大変なことになる。我々に言わせれば、好景気のときにコインの表で起業するほうがよっぽど怖い。

あなたの未来像を考えてみよう。デフレ時代を経験できたあなたは、大きな気づきを持っている。もう、「みんなが儲かりそうだといっているもの」や「カッコイイ肩書き」や「有名なもの」が儲けを生むだなんて思うことはしない。アタマが儲けを生むのだと知っている。

言うまでもないことだが、これからは多様化の社会だ。雇用形態も大きく変わる。実際に人件費の使い方もどんどん変わっている。消費パターンも複雑になる。こういう時代に伸びるのは、「方法」にフォーカスしている企業だと言っておこう。

たとえば、老人化社会にともなって増加するシルバーマーケット。聞き飽きるくらいの言葉だ。老人にお金を使ってもらおうと、ほとんどの企業は考えている。しかし、単に老人向けの商品を「老人向け○○セット」なんて売っている企業は必ずハズす。老後を豊かに生きていく「方法」を売っている企業は伸びる。

商品は商品としてだけ売らず、必ず「方法」を付加するのがコツ。「WEB製作やります」だけなら誰でもできる。だから儲からない。しかし、「儲かるWEBをつくる『方法』をアドバイスしながらWEB製作やります」となれば別。

「方法」は、コインの表にあまりない。コインの裏にきっとある。

さて、裏に気づいたとして、もちろん楽しいことばかりじゃない。頭に汗をかいて考えるのは、それなりに大変なことだし、売れる仕組みを必死でつくっているときには、長時間労働にもなる。起業すればしたなりに、サラリーマンとは違うストレスもあるし、ある意味で24時間戦闘体制。インフルエンザに罹ったってビジネスは待ったなしだ。

でもね、一つだけ大きな違いがある。「生きている」という実感だ。

アメリカで行われたアンケートの結果がある。90代の男女1000人に聞いたものだ。

「90年も生きてきた人生の中で、最も後悔していることは何ですか?」

この問いに、ダントツのナンバーワンだった答えは、

「もっといろんなことにチャレンジすれば良かった……」

というもの。

きっと、19世紀に同じアンケートをしても、同じ答えだったろうと思う。

そして、22世紀に同じアンケートをしても、同じ答えなんだろうと思う。

賭けようか?――

最後に、著者である我々と「賭け」をしようか? この本のはじめに「署名欄」があったのを覚えているだろうか。さあ、もう一回そこに戻ってみよう。

あなたの署名欄は、恐らくまだ空欄のはずだ。違っただろうか?

でもいまなら、自信を持ってサインできるはずだ。

この本を読んだあなたは、デフレのいまこそチャンスだと知っているし、どうすればこのデフレを生かして大儲けするか、すでに分かっているはずだ。

誰をキョロキョロ探しているの? あなたの人生は、あなただけが進められるんだ。

起業家大学

監修者紹介

神田昌典（かんだ・まさのり）

上智大学外国語学部卒。ニューヨーク大学・経済学修士、
ペンシルバニア大学ウォートンスクール経営学修士（MBA）取得。

外務省、コンサルティング会社、米国家電メーカーの在日代表を経て、1998年株式会社アルマックを設立。

同社が組織する顧客獲得実践会は、ダイレクトマーケティングを実践する組織としては日本最大規模。

その他、4社を自ら起業・実践するマーケッター。

著書「60分間・企業ダントツ化プロジェクト」（ダイヤモンド社）、「非常識な成功法則」（フォレスト出版）等、多数。

監修者ホームページhttp://www.1almac.com

[非常識《ひじょうしき》に儲《もう》ける人々《ひとびと》] が実践《じっせん》する

図解《ずかい》 成功《せいこう》ノート

監修者　神田昌典（かんだ・まさのり）
著者　起業家大学（きぎょうかだいがく）

発行者　押鐘冨士雄

発行所　株式会社三笠書房
〒112-0004 東京都文京区後楽1-4-14
電話　03-3814-1161（営業部）　03-3814-1181（編集部）
振替　00130-8-22096
http://www.mikasashobo.co.jp

印刷　誠宏印刷　製本　宮田製本

編集責任者　迫 猛

ISBN4-8379-2020-9　C0030